그러니, 십계명은 자유의 계명이다

NOTKER WOLF / MATTHIAS DROBINSKI
REGELN ZUM LEBEN
Die Zehn Gebote –
Provokation und Orientierung für heute

© Verlag Herder GmbH, Freiburg im Breisgau, 2nd edition 2008
All rights reserved.

Translated by YOON Sun-Ah
Korean translation copyright © 2012 by Benedict Press
Waegwan, Korea.

This edition published by arrangement with Verlag Herder GmbH,
Freiburg i. B., Germany.

그러니, 십계명은 자유의 계명이다
2012년 10월 초판 | 2019년 12월 5쇄
옮긴이 · 윤선아 | 펴낸이 · 박현동
펴낸곳 · 성 베네딕도회 왜관수도원 ⓒ 분도출판사
찍은곳 · 분도인쇄소
등록 · 1962년 5월 7일 라15호
04606 서울시 중구 장충단로 188(분도출판사 편집부)
39889 경북 칠곡군 왜관읍 관문로 61(분도인쇄소)
분도출판사 · 전화 02-2266-3605 · 팩스 02-2271-3605
분도인쇄소 · 전화 054-970-2400 · 팩스 054-971-0179
www.bundobook.co.kr
ISBN 978-89-419-1210-1 03230

이 책의 한국어판 저작권은
Verlag Herder GmbH와 독점 계약한 분도출판사에 있습니다.
저작권법에 의해 한국 내에서 보호를 받는 저작물이므로
무단 전재와 무단 복제를 금합니다.

그러니, 십계명은 자유의 계명이다

노트커 볼프 · 마티아스 드로빈스키 지음　윤선아 옮김

분도출판사

차례

들어가며　7

한없이 간결한 율법: 십계명의 간추린 역사　19

첫째 계명　47
너에게는 나 말고 다른 신이 있어서는 안 된다

둘째 계명　71
너는 어떤 형상으로도 신상을 만들어서는 안 된다
주 너의 하느님의 이름을 부당하게 불러서는 안 된다

셋째 계명　93
안식일/주일을 지켜 거룩하게 하여라

넷째 계명　113
아버지와 어머니를 공경하여라

다섯째 계명　135
살인해서는 안 된다

여섯째 계명   159
간음해서는 안 된다

일곱째 계명   177
도둑질해서는 안 된다

여덟째 계명   195
이웃에게 불리한 거짓 증언을 해서는 안 된다

아홉째와 열째 계명   209
이웃의 아내를 탐내서는 안 된다
이웃의 재산은 무엇이든지 욕심내서는 안 된다

십계명: 자유를 위한 계명   219

들어가며

나는 한평생 상트 오틸리엔 수도 공동체에 충실하겠다고 서약했으나 지금은 너무나 불규칙한 삶을 살고 있다. 베네딕도회가 나를 수석아빠스로 선출한 것이다. 수석아빠스는 수녀회를 포함하여, 모든 베네딕도 연합회를 대표한다. 나는 로마 성 안셀모 수도원에 적을 두고 전 세계를 돌아다닌다. 남아메리카와 아프리카 수도원의 사정을 살피고 미국 성 안셀모 수도원 후원 재단 이사회에 참석한다. 아시아에서 열리는 회의에 참석하고 독일 오버바이에른에서 옛 제자들을 만난다. 로마에서는 성 안셀모 대학과 수도원의 여러 문제를 해결하고자 애쓰고 바티칸 당국과 대화를 나눈다. 게다가 정해진 시간에 처리해야 하는 서류도 많다. 이렇게 보면 내가 맡은 소임이 참 흥미진진한 것 같다. 사실 그러하기도 하다. 나는 전 세계를 돌아다니며 이토록 많은 사람을 만나고 여러 문화를 접할 수 있다는 사실이 즐겁다. 베네딕도회 선교사들은 아주 오래전부터 세계 곳곳으로 나아가 복음을 전파했다.

그래도 가끔은 정처 없이 외롭고 고된 기분이 든다. 세상을 두루 돌아다니기는 하지만 정작 제대로 보는 것은 아무것도 없다는 생각도 든다. 그저 어디라도 정착해서 머물고 싶은 마음이 간절해진다. 이럴 때면 나는 『베네딕도 규칙』*Regula Benedicti*에서 도움을 얻는다. 『베네딕도 규칙』은 우리 수도회의 창설자인 누르시아의 베네딕도가 세운 수도 규칙으로, 성무일도를 바치고 성경을 읽는 데 도움이 된다. 아시아나 아프리카의 수도 형제자매들도 같은 규칙에 따라 살아간다. 나는 상트 오틸리엔에서 배운 『베네딕도 규칙』을 로마에서나 여행길에서나 언제든 지키려고 노력한다. 그러면 베네딕도회의 생활 리듬으로 금세 스며든다. 공동기도와 공동식사를 하며 공동체 생활을 나누면, 내가 머무르는 곳이 고향이 된다. 세상 어디든 베네딕도회 수도원에 머물면 그곳이 바로 내 집이다. 이렇게 세상 어느 곳이든 내 집처럼 느낄 수 있는 것은 우리 베네딕도회 수도자들이 모두 같은 규칙으로 살아가는 덕이다. 나에게는 생활에 일정한 틀과 일관성을 부여해 주는 『베네딕도 규칙』이 필요하다. 그렇지 않다면 나는 나그네 삶을 견디지 못할 것이다.

내 생활은 불규칙하다. 바로 그래서 나는 『베네딕도 규칙』이 구속이 아니라 자유임을 깨닫는다. 구속은 이른바 외적 강제다. 그런데 이런 강제는 대부분 스스로가 만드는 것일 뿐이다. 수많은 일정과 가장 빠른 비행 편에 맞추려는 시간 압박, 일정한 서류를 정해진 시점까지 처리하려는 강박 등에 우리는 시달린다. 그렇지만 『베네딕도 규칙』은 나를 자유롭고 여유롭게 한다. 나는 그저 일에만 매달리지 않는다. 기도와 일의 조화로운 리듬에 온전히 나를 맡긴다. 우리 몸에는 일정한 리듬과 일상의 구조, 생활의 구조가 필요하다. 바로 여기에 베네딕도 성인의 탁월한 지혜가 있다. 나는 나에게 주어진 하루를 어떻게 보내야 할지 아침마다 고민할 필요가 없다. 그렇다고 하루를 헛되이 보내는 것도 아니다. 이런 점에서 베네딕도 성인이 6세기에 몬테카시노 수도원에서 정한 수도 규칙이 얼마나 현대적인지 알 수 있다. 내가 이렇게 관리자로 살아가는 것은 나 자신의 선택이 아니다. 『베네딕도 규칙』은 이런 삶에서 내가 고향을 찾도록 도와준다. 소위 자의식 강하고 독립적이라는 경영인들이 그들의 삶에 알맞은 틀을 부여할 규칙 같은 것을 찾는다는 말을 들으면 나는 그저 놀랍기만 하다. 수도원에 머무를 수 없을 때라도 내게는 성무일도가 있다. 나는 될 수 있는 대로 우리 수도자들에게 지정된 시간에 따라 기도하려고 하고, 매일 성경 한 단락을 읽으려고 노력한다. 하느님과의 만남을 구하는 것이다. 이러한 과정에서 나는 이루 말할 수 없는 자유를 느낀다. 온종일 허둥지둥 밖으로 나돌고 약속에 쫓겨 여기저기로 내달려야 하는 날이면, 그리고 우리의 또 다른 현실이신 하느님을 위해 잠시라도 틈을 낼 수 없는 날이면 어두운 저녁 무렵에 좌절감이 밀려온다.

십계명의 매력도 여기에 있다고 생각한다. 십계명은 근대와 탈근대, 인류의 머나먼 여정 한가운데서 우리에게 고향을 마련해 준다. 『베네딕도 규칙』은 십계명보다 훨씬 세분화되어 있다. 경계가 분명한 공동체를 위해 만들어졌기 때문이다. 하지만 그 기능으로 볼 때 『베네딕도 규칙』은 십계명과 목적이 같다. 이웃과 더불어 선하게 사는 것이다. 중요한 것은 인간을 옭아매는 일련의 규칙이 아니라 선한 삶이다. 그래서 십계명과 『베네딕도 규칙』은 서로 동떨어진 것이 아니다. 수도생활의 중심에는 전례와 역동적 수도 공동체가 있다. 수도 공동체가 제 기능을 발휘하기 위해 이런 수도 규칙이 있는 것이다. 수도 규칙은 보조 수단이자 지침이며 규준이다. 반드시 필요한 것이다. 그렇지만 역동성이 없다면 수도 규칙도 부질없을 뿐이다. 십계명도 마찬가지다. 우리는 십계명을 삶으로 채워 넣을 수 있고, 또 채워 넣어야 한다. 그래야 십계명이 선한 삶과 살아 움직이는 삶의 일부가 되고, 우리를 인간 본성으로 이끄는 길이 된다.

다행스럽게도 나는 십계명을 내세우시는 하느님을 한 번도 무서워한 적이 없다. 엄히 단속하고 구속하는 하느님상을 체험해 보지 않은 것이다. 바이에른 지방 사람들은 하느님이 무섭다고들 하는데, 나는 아니었다. 나와 같은 세대의 사람들이 나와 다른 식으로 하느님을 체험했다는 것을 잘 알고 있다. 그래서 나는 내 부모님과 신부님과 선생님께 깊이 감사드린다. 그분들은 내게 우리를 자유롭게 하고 따뜻하게 감싸는 하느님상을 전해 주셨다. 어린 시절 하면 떠오르는 첫 번째 기억은 두 살이 채 안 되었을 때의 일이다. 성탄절이었다. 어머니는 나를 성탄 밤미사에 데려가서 자그마한 나를 의자 위에 서게 하셨다. 나는 불빛을 보고 음악을 들으며 향내를 맡았다. 아직도 생생하다. 내게는 이것이 근원적 신앙 체험이다. 그래서 내게 신앙은 그저 기쁨일 뿐 억압이 아니다. 물론 천둥이 치거나 하면, 어른들은 어린 내게 하늘에 있는 아빠가 야단치신다고 말하곤 했다. 하지만 진심으로 받아들이지는 않았다. 어른들은 그런 말을 할 때마다 장난스럽게 눈을 찡긋거렸다.

우리에게는 신앙생활에 필요한 유머가 있었다. 유머가 없다면 신앙은 삶에서 멀어지고 가혹해진다. 시골에서는 교회와 신앙과 삶이 하나였다. 건강하고 독실한 믿음이 있었다. 성체를 모시려고 무릎 꿇은 자리에서도 우리 사내아이들은 나중에 누가 성당 종을 울릴 것인지를 두고 툭탁거렸다. 지금이라면 큰일로 여기겠지만, 당시에는 아무도 심각하게 생각하지 않았다. 미사가 거행되는 동안에 성당지기 아저씨는 우리 뒤에 앉아 있었다. 이유는 분명했다. 그런데도 우리는 줄곧 재잘거렸고, 성당지기 아저씨는 제일 시끄럽게 떠드는 아이에게 꿀밤을 먹였다. 성당에서 성수를 뿌리며 지나가시던 신부님은 남은 성수를 죄다 우리에게 뿌려서 흠뻑 젖게 만들곤 하셨지만, 우리는 마냥 신이 났다.

  성당은 우리 집이었다. 집에서 일어나는 모든 일이 성당에서도 일어났다. 버릇없는 아이들이 있었고 다툼이 있었으며 권위적인 어른들도 있었다. 그렇지만 이 모든 일이 받아들여지는 분위기였다. 우리는 교회 공동체에 받아들여지고 있음을 느꼈고 이곳이 우리 고향임을 알았다. 미사는 학교나 마을 축제처럼 삶의 일부였다. 작지만 따뜻했던 세상에서 우리는 보호를 받았다. 나는 전쟁 통에 어린 시절을 보냈다. 아버지는 전선에 나가 계셨고 전쟁이 끝나고 나서야 그분을 제대로 알게 되었다. 그래서 우리 어머니와 형제자매들에게는, 부분적으로나마 아버지 역할을 대신해 주는 어른들과 이웃들이 있던 고향이 더없이 중요했다. 같은 세대의 다른 사람들은 엄격한 신앙으로 힘겨워했지만, 나의 신앙은 여성성의 영향을 강하게 받아 그렇지 않았다. 우리에게 신앙은 절대로 엄격한 것이 아니었다. 당시 우리 가족은 세 들어 살았다. 아랫집이 주인집이었는데, 군인이었던 주인집 아저씨가 아직도 기억난다. 어느 성탄절에 아저씨가 휴가를 나왔다. 우리 집은 주인집과 함께 성탄절 잔치를 했다. 크리스마스트리가 얼마나 아름다웠는지 모른다. 트리 아래에는 집짓기 블록 세 개가 들어 있는 주머니가 나를 기다렸다. 행복에 겨운 나는 고사리손으로 블록을 꺼냈다. 무심코 뒤를 돌아다보니 아저씨가 계셨다. 몇 달 전만 해도 죽고 죽이는 현실 밖에 모르던 분이 내가 기뻐하는 모습에 함께 기뻐하고 계셨다. 하지만 그날은 그분의 마지막 성탄절이었다. 얼마 지나지 않아 아저씨는 전사했다. 이 성탄절도 나에게는 근원적 신앙 체험 가운데 하나다. 다른 사람에게 기쁨을 선사하면 자신도 기쁨을 얻는다는 체험이었다.

이리 보면 십계명은 내 유년 시절과 학창 시절에 그리 큰 역할을 하지는 않은 셈이다. 물론 우리는 어머니와 아버지를 공경해야 한다는 것은 알았다. 주일을 거룩히 보내야 한다는 것도 알았다. 하느님의 이름을 부당하게 불러서는 안 된다는 계명에 대해서는 하느님의 이름으로 다른 사람을 욕하면 안 되는 것이라고 어른들이 일러 주었다. 우리는 이것을 완벽하게는 아니더라도 어느 정도는 지켰다. 나중에 교리 시간에 「고해 성찰 문항」Beichtspiegel을 암기해야 했을 때는 온갖 계명으로 혼란스러웠다. 어린 우리가 이해하기에는 아무래도 어려웠다. 당연히 십계명도 외웠다. 하지만 고해성사를 볼 때 내게 중요했던 것은 얼마나 십계명을 잘 지켰는지 따져 보는 일이 아니었다. 오히려 하느님과, 나 자신과, 다른 사람과 어떻게 관계를 맺고 지냈는지가 늘 중요한 고해거리였다. 그것이 나에게 적합한 고해 방식이었던 것이다.

내게는 타고난 도덕감각이 있었다. 어머니 몰래 사탕을 훔쳐 먹으면 그것이 잘못된 행동이라는 것을 알았다. '조심해! 일곱 번째 계명을 어긴 거야!'라고 생각해서가 아니라, 규칙을 어겼다는 것을 마음속으로 알았다. 당시에는 사탕이 귀했는데 나는 내 몫이 아닌 것도 슬쩍했다. 사탕은 맛있었지만 내 행동은 옳지 않았다. 그래서 그런지 속이 조금 메스꺼웠다. 그렇다고 하느님의 품에서 보호받는 느낌이 사라졌던 것은 아니다. 사탕을 훔쳐 먹더라도 지옥에 갈까 봐 두려워하거나, 벼락을 맞거나 다른 벌을 받을까 봐 무서워하지도 않았다. 어린애다운 양심의 소리가 이렇게 속삭였다. '너한테 좋으라고 세워 놓은 규칙을 네가 지금 위반한 거야. 귀한 사탕은 나눠 먹어야 하잖아. 그래야 이가 썩거나 배가 아프지 않지.' 그렇게 나쁜 짓을 하고 나면 두려움보다는 부끄러운 마음에 어딘가로 달아나서 나 자신을 피해 숨어 버리고 싶었다.

그러니 나는 견딜 수 없이 강압적인 하느님에 대해 저항할 필요가 없었다. 그런데 학창 시절에는 남들이 나에 대해 어떤 결정을 내릴 때마다 독단과 위압으로 받아들이고 저항했다. 타인의 의지에 복종하는 일이 쉽지 않았다. 그래서 수도원에 들어오고 나서도 종신서원을 하기 전까지는 하느님의 뜻에 온전히 나를 맡기고 따른다는 것에 대해 신앙적으로 회의했다. 하느님은 내게 무엇을 바라실까? 이것이 수련기가 지나도록 나를 괴롭힌 절실한 물음이었다. 하느님의 뜻이 내가 살아가야 할 길이라고 말할 수 있을 때까지는 오랜 시간이 걸렸다. 그분의 뜻은 개인주의화된 현대 서구 사회에서 우리가 배우는 가치와 온통 상반되었다. 내가 어떻게 살아가야 할지는 다른 사람이나 절대자가 규정하는 것이 아니라 자신이 스스로 결정하는 것이라고 나는 배웠다. 하지만 하느님과 나를 연결하는 탯줄이 끊어진다면, 나 자신의 의지가 삶의 기준이 된다면 무언가를 잃고 말 것이다. 그분의 의지가 독단이 아니라는 것을 알기까지 나는 오랜 시간이 걸렸다. 그분은 내게 가장 좋은 것을 주시려고 한다. 그렇지만 하느님의 의지에 대해 회의할 때라도 나는 하느님에 대한 신뢰를 잃지 않았다. 나는 그분이 죄는 미워하지만 죄인은 사랑하는 자비로우신 분이라고 굳게 믿었다.

어떤 규칙이 인간적인지 비인간적인지는 인간의 결점과 약점을 어떻게 대하는지에서 드러난다. 규칙을 지켜야 하는 이들은 끊임없이 좌절을 맛보기 마련이다. 인간이기 때문이다. 『베네딕도 규칙』에 따르면 아빠스는 각자를 적합하게 지도하여 선한 이에게는 추구하고 갈망하는 바를 찾게 하고, 약한 이에게는 겁먹고 도망가지 않게 한다고 했다. 하느님의 계명을 찬미하는 시편 119장을 보면 "당신 말씀은 제 발에 등불, 저의 길에 빛입니다"라고 노래한다. 그분의 계명은 내가 어느 길을 따라야 할지 가리켜 주고, 앞을 밝혀 주며, 길잡이가 되어 준다. 하지만 앞으로 나아가는 것은 내가 스스로 해야 할 일이다. 게다가 길가의 이정표도 언제나 분명한 것만은 아니다. 나는 조심스레 한 걸음 한 걸음 나아가다 넘어지기도 하고 길을 잃기도 하며 낯선 길로 돌아가기도 한다. 하지만 내게는 빛이 있다. 그 빛은 나를 저버리지 않는다. 그러니 독자들도 이 책을 통해 하느님을 신뢰할 수 있는 용기를 얻었으면 좋겠다. 가야 할 길이 좁더라도, 길을 가다 넘어지거나 헤매더라도 그럴 만한 가치가 있는 길이니 이 책으로 용기 냈으면 좋겠다. 우리가 가야 할 길은 삶으로 나아가는 길이다.

2008년 5월, 로마에서 노트커 볼프 OSB

한없이 간결한 율법

십계명의 간추린 역사

독일 하노버의 마르고트 캐스만Margot Käßmann 루터교회 주교는 헤센 주에서 목사로 있을 때 견진교리를 지도했던 경험을 이야기했다. 주제는 십계명이었다. 견진성사를 앞둔 청소년들은 눈살을 찌푸렸다. 케케묵은 규칙이 아니냐며 불평했다. 한창 젊었던 캐스만 목사는 불평을 받아넘기며, 어느 외딴 마을의 주민이 되었다고 상상하고 스스로 규칙을 세워 보라고 제안했다. 결과는 놀라웠다. 상상 속 마을의 규칙은 십계명과 크게 다르지 않았다. 서로 공평히 대할 것, 다른 사람의 소유를 빼앗지 않을 것, 다른 사람을 해치지 않을 것, 배우자가 서로를 공경할 것, 다른 사람을 흉보지 않을 것, 노인과 젊은이가 서로 존중할 것 등이었다. 요즘 청소년들은 모세가 (아니면 아브라함이) 이스라엘 백성을 위해 받아 온 계명이 일곱 개인지 열 개인지 정확히 알지도 못한다. 심지어 열두 계명을 받아 왔다는 아이들도 있다. 어른들 가운데도 십계명을 모두 암송하는 사람은 극소수다. 여론조사 기관 엠니드Emnid의 설문에 따르면 응답자 가운데 겨우 절반이 '사람을 죽이지 마라', '도둑질을 하지 마라', '간음하지 마라'가 십계명에 든다고 답했고, '하느님의 이름을 함부로 부르지 마라'나 '주일을 거룩히 지내라'는 계명을 아는 응답자는 10%에도 미치지 못했다. 이 설문 조사를 기준으로 본다면 십계명은 독일인의 기억에서 점차 망각되어 가고, 어쨌든 바르게 살아야 한다는 막연한 훈계로 퇴색한 셈이다.

그럼에도 십계명은 살아 있다. 십계명을 주제로 한 책이 여전히 많아서 헤아릴 수 없을 정도다. 경건한 신앙서가 있는가 하면 전문 학술서도 있고 대중서도 있다. 특히 '9·11 테러' 이후, 각종 언론은 십계명에 대해 재조명했고, 철학자들은 십계명을 새로이 설명하고자 했다. 예컨대 페터 슬로터다이크Peter Sloterdijk는 이렇게 말했다. "타인이 당신을 시기하도록 도발해서도 안 되고, 타인의 도발로 당신이 시기하는 행동을 해서도 안 된다." 시기심은 "폭력의 보편적 근원이다. 그러나 우리의 문화는 경쟁이라는 미명하에 시기심을 의식적으로 부추긴다". 스페인에서 가장 유명한 철학자인 페르난도 사바테르Fernando Savater는 무신론자를 자처했음에도 『십계명과 21세기』*Los Diez Mandamientos En El Siglo XXI*라는 책을 집필해 화제가 되었다. 사바테르는 도덕적 기본 규범 없이는 민주주의도 유지되지 않는다고 주장하며, 유다교와 그리스도교의 십계명이 없었다면 자유와 평등과 박애 같은 이상이 발전하지 못했을 것이라고 단언했고, 또 인권선언이나 법치국가도 없었을 것이라고 확언했다. 한없는 개인주의가 지배하던 시대도 이제는 끝난 것 같다. 이로써 십계명이 담론에서 제외되던 시대도 끝났을 것이다. 개인주의의 시대에는 십계명이 더 이상 쓸모없어서 좀약과 함께 상자에 넣어 골방에 처박아 둔 겨울 외투 꼴이었다. 십계명이 르네상스를 맞은 이유는, 공동체 생활에는 반드시 규칙이 필요하다는 사실을 사람들이 자각했기 때문이다. 사랑과 이기심처럼, 행복과 독단獨斷도 서로 조화를 이루지 못한다.

자유를 원한다고 모든 사회구조를 해체할 수는 없는 노릇이다. 그럼에도 구약의 계명은 21세기를 사는 우리가 풀어야 할 수수께끼다. 구약의 계명은 너무 절대적이고 당위적이다. 신앙적으로 어떻게 살아야 하는지 규정해 놓고, 지키지 않으면 몰락하리라고 위협한다. "그렇게 해야 한다! 해야만 한다! 그렇지 않으면 노예가 되리라. 다른 민족의 지배를 받으리라"는 식이다.

히브리어 성경, 즉 구약성경에서 십계명은 두 부분에 나온다. 모세오경의 둘째 권인 탈출기에서는 이집트에서 종살이하던 이스라엘 백성을 하느님께서 구하신 이야기에 십계명이 등장한다. 종살이에서 벗어나고 셋째 달이 되었을 때 이스라엘 백성은 시나이 산에 이르렀다. 모세가 산으로 올라가자 주님은 큰일을 예고하셨고, 셋째 날에는 우렛소리와 함께 번개가 치며 뿔 나팔 소리가 크게 울려 퍼졌다. 그때 주님께서 당신 계명을 말씀하셨다.

> 나는 너를 이집트 땅, 종살이하던 집에서 이끌어 낸 주너의 하느님이다.
> 너에게는 나 말고 다른 신이 있어서는 안 된다.

너는 위로 하늘에 있는 것이든, 아래로 땅 위에 있는 것이든, 땅 아래로 물속에 있는 것이든 그 모습을 본뜬 어떤 신상도 만들어서는 안 된다. 너는 그것들에게 경배하거나, 그것들을 섬기지 못한다. 주 너의 하느님인 나는 질투하는 하느님이다. 나를 미워하는 자들에게는 조상들의 죄악을 삼 대 사 대 자손들에게까지 갚는다. 그러나 나를 사랑하고 내 계명을 지키는 이들에게는 천 대에 이르기까지 자애를 베푼다.

주 너의 하느님의 이름을 부당하게 불러서는 안 된다. 주님은 자기 이름을 부당하게 부르는 자를 벌하지 않은 채 내버려 두지 않는다.

안식일을 기억하여 거룩하게 지켜라. 엿새 동안 일하면서 네 할 일을 다 하여라. 그러나 이렛날은 주 너의 하느님을 위한 안식일이다. 그날 너와 너의 아들과 딸, 너의 남종과 여종, 그리고 너의 집짐승과 네 동네에 사는 이방인은 어떤 일도 해서는 안 된다. 이는 주님이 엿새 동안 하늘과 땅과 바다와 그 안에 있는 모든 것을 만들고, 이렛날에는 쉬었기 때문이다. 그러므로 주님이 안식일에 강복하고 그날을 거룩하게 한 것이다.

아버지와 어머니를 공경하여라. 그러면 너는 주 너의 하느님이 너에게 주는 땅에서 오래 살 것이다.

살인해서는 안 된다.

간음해서는 안 된다.

도둑질해서는 안 된다.

이웃에게 불리한 거짓 증언을 해서는 안 된다.

이웃의 집을 탐내서는 안 된다. 이웃의 아내나 남종이나 여종, 소나 나귀 할 것 없이 이웃의 소유는 무엇이든 탐내서는 안 된다(탈출 20,2-17).

하느님은 공동체 생활에서 지켜야 할 수많은 규칙과 하느님을 섬기는 규칙을 차례로 말씀하셨다. 이스라엘 백성은 모세가 산에서 내려오지 않아 오래도록 기다리고만 있게 되자 금으로 수송아지를 만들어 숭배했다. 산에서 내려온 모세는 분노하며 하느님의 계명이 적힌 두 증언판을 내던져 깨 버렸다. 분노가 가라앉은 후에 모세는 증언판에 계명을 다시 새겨 넣었다.

모세오경의 다섯째 권인 신명기는 안식일 계명에 대한 내용에서 탈출기와 차이가 있다. 신명기에서는 안식일 계명의 근거가 하느님께서 세상을 창조하시고 쉬셨다는 것이 아니라, 이집트 땅에서 이스라엘 백성을 이끌어 내셨다는 데 있다.

> 주 너의 하느님이 너에게 명령한 대로 안식일을 지켜 거룩하게 하여라. 엿새 동안 일하면서 네 할 일을 다 하여라. 그러나 이렛날은 주 너의 하느님을 위한 안식일이다. 그날 너의 아들과 딸, 너의 남종과 여종, 너의 소와 나귀, 그리고 너의 모든 집짐승과 네 동네에 사는 이방인은 어떤 일도 해서는 안 된다. 그렇게 하여 너의 남종과 여종도 너와 똑같이 쉬게 해야 한다. 너는 이집트 땅에서 종살이를 하였고, 주 너의 하느님이 강한 손과 뻗은 팔로 너를 그곳에서 이끌어 내었음을 기억하여라. 그 때문에 주 너의 하느님이 너에게 안식일을 지키라고 명령하는 것이다(신명 5,12-15).

신명기에서는 아홉째 계명을 이렇게 이른다. "이웃의 아내를 탐내서는 안 된다." 그다음 구절에야 집과 밭, 남종이나 여종, 소나 나귀 등을 나열한다. 신명기의 계명들은 탈출기의 계명들보다 나중에 기록되었다고 생각된다. 유다인과 그리스도인은 탈출기와 신명기의 계명들을 십계명으로 정리해서, 더 쉽게 배우고 기억하고 떠올릴 수 있게 만들었다. 유다교는 '나는 주 너의 하느님이다'라는 문장을 첫째 계명에 넣는다. 그리스도교에서는 이 문장이 뒤에 나오는 계명들의 머리말 역할을 한다. 동방정교회와 개혁파교회, 제칠일안식일예수재림교회는 우상 금지를 독립된 계명으로 보지만, 가톨릭교회와 루터교회는 다른 신이 있어서는 안 된다는 계명의 일부로 본다. 또한 가톨릭교회와 루터교회는 이웃의 집과 소유를 탐내서는 안 된다는 계명을 아홉째와 열째 계명으로 나누지만, 유다교와 동방정교회과 개혁파교회는 열째 계명으로 묶었다.

웅장한 배경과 극적인 장면으로 가득한 「십계」 같은 영화를 좋아하는 사람이라면 실망할지 모르겠지만 십계명은 시나이 산에서 모세에게 계시되지 않았다. 십계명은 수백 년에 걸쳐 형성되었다. 수정에 수정을 거듭한 결과 탄생한 것이다. 예컨대 아주 상세한 근거와 함께 제시된 처음 세 계명은 하느님에 대해 규정했는데, 인간 사회에 대해 규정한 나머지 일곱 계명보다 나중에 생겨났을 것이다. 나머지 일곱 계명은 이스라엘 민족이 유목민으로 살아가던 시대(B.C.1500~B.C.1000)까지 거슬러 올라간다. 성서학자들의 견해에 따르면 오늘날 우리가 따르는 십계명은 기원후 1세기에야 등장했다. 그렇지만 십계명은 그보다 오래전부터 영향력을 발휘했다. 십계명의 초기 형태는 기원전 8세기에 나타난 듯하다. 십계명은 단순한 도덕률이 아니라 하느님과 이스라엘 민족 사이에 맺은 계약의 상징이었다. 십계명을 어긴다는 것은 곧 하느님과의 계약을 끊는다는 것을 뜻했다.

나자렛 예수는 이미 십계명이 널리 알려져 통용되고 있다는 것을 전제하고, 십계명을 더욱 철저하고 엄격하게 적용했다. 이웃에 대한 증오는 곧 살인이고, 탐욕과 시기는 간음이며, 맹세는 거짓 증언이었다. 돈에 목매는 사람은 우상을 숭배하는 것이었다. 그렇지만 무엇보다도 예수는 십계명을 하느님 사랑과 이웃 사랑이라는 사랑의 이중 계명으로 압축했다.

"첫째는 이것이다. '이스라엘아, 들어라. 주 우리 하느님은 한 분이신 주님이시다. 그러므로 너는 마음을 다하고 목숨을 다하고 정신을 다하고 힘을 다하여 주 너의 하느님을 사랑해야 한다.' 둘째는 이것이다. '네 이웃을 너 자신처럼 사랑해야 한다.' 이보다 더 큰 계명은 없다"(마르 12,29-31).

예수 당시의 유다교 라삐 전통에서도 사랑의 이중 계명을 알고 있었다. 하지만 이것을 가르침의 중심으로 삼은 분은 예수였다. 사랑의 계명을 위해서라면 십계명이라도 거스를 수 있다. 그렇다고 십계명이 무가치해지는 것은 아니다. 바오로 사도는 이러한 정신을 발전시켰다. 그리스도를 따르며, 그리고 하느님 사랑과 이웃 사랑이라는 이중 계명을 따르며 십계명은 폐지된다. 무엇보다 중요한 것은 사랑의 계명이다.

> 내가 인간의 여러 언어와 천사의 언어로 말한다 하여도
> 나에게 사랑이 없으면
> 나는 요란한 징이나 소란한 꽹과리에 지나지 않습니다.
> […]
> 내가 모든 재산을 나누어 주고

내 몸까지 자랑스레 넘겨준다 하여도

나에게 사랑이 없으면

나에게는 아무 소용이 없습니다.

사랑은 참고 기다립니다.

사랑은 친절합니다.

사랑은 시기하지 않고

뽐내지 않으며

교만하지 않습니다.

사랑은 무례하지 않고

자기 이익을 추구하지 않으며

성을 내지 않고

앙심을 품지 않습니다.

사랑은 불의에 기뻐하지 않고

진실을 두고 함께 기뻐합니다.

사랑은 모든 것을 덮어 주고

모든 것을 믿으며

모든 것을 바라고

모든 것을 견디어 냅니다.

> 사랑은 언제까지나 스러지지 않습니다.
>
> [⋯]
>
> 그러므로 이제 믿음과 희망과 사랑
>
> 이 세 가지는 계속됩니다.
>
> 그 가운데에서 으뜸은 사랑입니다(1코린 13,1-13).

처음 세 계명에 묶여 있는, 제의와 번제에 대한 유다교의 율법들은 이제 아무런 역할도 하지 못했다. 새로 일어난 그리스도교는 유다교로부터 떨어져 나갔다. 십계명은 두 종교를 결속하는 동시에 구별했다. 십계명은 두 종교가 물려받은 공동의 유산이었지만, 더 이상 율법의 법규와 하느님과의 계약으로 두 종교를 하느님 안에서 한 백성으로 결속하지는 않았다. 십계명은 하느님을 경외하는 올바른 삶을 위한 보편적 길잡이가 되었다. 아우구스티누스Augustinus가 하느님의 계명을 지금과 같은 십계명으로 분류한 것은 우연이 아니다. 한때 방탕한 삶을 살았던 아우구스티누스는 짧고 명료한 규칙이 얼마나 큰 힘을 발휘하는지 잘 알고 있었다. 그로부터 천 년 후에는 마르틴 루터Martin Luther가 아우구스티누스의 분류를 따랐다.

그런데 비텐베르크의 개혁가 마르틴 루터가 없었다면, 십계명은 오늘날 그리스도교 내에서 인식하는 만큼 중요한 의미를 띠지는 못했을 것이다. 일찍이 14~15세기에 저술된 「고해 성찰 문항」도 십계명을 기준으로 삼기는 했지만, 교파의 경계를 넘어서는 강력한 언어로, 그 고유한 언어로 십계명을 요약한 것은 루터의 『교리문답서』다.

첫째 계명

나는 주 너의 하느님이다. 너에게는 나 말고 다른 신이 있어서는 안 된다.

이것은 무슨 뜻인가? ― 하느님을 그 무엇보다도 경외하고 사랑하고 신뢰해야 한다.

둘째 계명

주 너의 하느님의 이름을 부당하게 불러서는 안 된다. 주님은 자기 이름을 부당하게 부르는 자를 벌하지 않은 채 내버려 두지 않는다.

이것은 무슨 뜻인가? ― 하느님을 경외하고 사랑하여서, 그분의 이름으로 저주하고 맹세하며 마술을 부리고 거짓말하며 사기 치는 일이 없어야 한다. 그보다도 어떤 곤경 가운데서도 하느님을 부르고 그분께 기도하며 그분을 찬양하고 그분께 감사드려야 한다.

셋째 계명

안식일을 지켜 거룩하게 하여라.

이것은 무슨 뜻인가? — 하느님을 경외하고 사랑하여 설교와 그분의 말씀을 업신여길 것이 아니라 이를 거룩하게 지키고 기꺼이 귀 기울여 들으며 배워야 한다.

넷째 계명

아버지와 어머니를 공경하여라. 그러면 너는 주 너의 하느님이 너에게 주는 땅에서 오래 살고 잘될 것이다.

이것은 무슨 뜻인가? — 하느님을 경외하고 사랑하여 우리 부모와 우리 주인을 업신여기거나 화나게 해서도 안 된다. 그보다도 그들을 공경하고 섬기며 복종하고 사랑할뿐더러 소중하게 여겨야 한다.

다섯째 계명

살인해서는 안 된다.

이것은 무슨 뜻인가? — 하느님을 경외하고 사랑하여 이웃의 몸을 해하거나 고통을 주면 안 된다. 그보다 이웃이 어떤 곤경에 처해 있더라도 힘써 도와주어야 한다.

여섯째 계명

간음해서는 안 된다.

이것은 무슨 뜻인가? — 하느님을 경외하고 사랑하여 말이나 행동에서 정결하고 단정하게 살아야 하며 부부 사이에 서로를 사랑하고 공경해야 한다.

일곱째 계명

도둑질해서는 안 된다.

이것은 무슨 뜻인가? — 하느님을 경외하고 사랑하여 이웃의 돈이나 재산을 손에 넣어서는 안 된다. 그리고 가짜 물품이나 거짓된 상행위로 이웃의 재산을 착복해서는 안 된다. 그보다도 이웃이 자기 재산과 양식을 늘리고 잘 간수할 수 있도록 도와주어야 한다.

여덟째 계명

이웃에게 불리한 거짓 증언을 해서는 안 된다.

이것은 무슨 뜻인가? — 하느님을 경외하고 사랑하여 우리 이웃에게 거짓말을 하거나 그를 배반하고 중상모략해서는 안 되며 그에 대해 나쁜 소문을 퍼뜨려서도 안 된다. 그보다도 그를 변호하고 그에 대해 좋은 말을 하며 모든 것이 최선이 되도록 만들어야 한다.

아홉째 계명

이웃의 집을 탐내서는 안 된다.

이것은 무슨 뜻인가? — 하느님을 경외하고 사랑하여 이웃이 물려받은 유산이나 집을 책략을 써서 탐내고 외관상 정당한 것처럼 가장하여 우리 것으로 삼아서는 안 된다. 그보다도 그가 자기 유산과 집을 유지할 수 있도록 장려하고 도와주어야 한다.

열째 계명

이웃의 아내나 남종이나 여종, 소와 나귀 할 것 없이 이웃의 재산은 무엇이든지 탐내서는 안 된다.

이것은 무슨 뜻인가? — 하느님을 경외하고 사랑하여 이웃의 아내, 그의 하인 혹은 그의 가축을 가로채거나 유혹하고 이간질하여 빼앗아서는 안 된다. 그보다도 그들이 이웃 곁에 머물면서 자신들에게 주어진 의무를 다하도록 격려해야 한다.

하느님은 이 모든 계명에 대해 무엇을 말씀하시는가?
그분께서는 이렇게 말씀하신다. 주 너의 하느님인 나는 질투하는 하느님이다. 나를 미워하는 자들에게는 조상들의 죄악을 삼 대 사 대 자손들에게까지 갚는다. 그러나 나를 사랑하고 내 계명을 지키는 이들에게는 천대에 이르기까지 자애를 베푼다.

이것은 무슨 뜻인가? — 하느님께서는 이 계명을 지키지 않는 자들에게 벌을 내리겠다고 위협하신다. 그러므로 그분의 진노를 두려워해야 할 것이며 그분의 계명을 거스르는 행동을 해서는 안 된다. 그러나 그분께서는 이 계명을 지키는 모든 이들에게 은혜와 모든 선한 것을 약속하신다. 그러므로 우리도 그분을 사랑하고 신뢰하며 그분의 계명을 기꺼이 지켜야 한다.

마르틴 루터는 자유로운 그리스도인이 『교리문답서』의 도움을 받아 자신의 양심을 살펴야 하고, 자신이 무엇을 잘못하고 무엇을 삶의 기준으로 삼아야 하는지 깨달아야 한다고 생각했다. 1563년에 나온, 개혁파교회의 『하이델베르크 교리문답서』도 같은 목표를 지향한다. 얼마 지나지 않아 가톨릭교회도 그리스도교 신앙을 보편적으로 이해할 수 있는 교리문답서를 펴냈다. 모든 교리문답서의 중심에는 십계명이 있었다. 교리문답서는 신자들 각자가 집에서도 십계명을 머리와 가슴에 간직하며 되뇌야 한다고 권했다. 교리문답서는 각 교파가 정체성을 확인하는 데 기여했고, 각 개인이 신앙을 얻는 데도 도움이 되었다. 커다란 진보였다.

그렇지만 하느님의 말씀을 일련의 계명으로 구별한 것은 그리스도인들을 속박하고 경직시키는 데도 일조했다. 시간이 지나며 길잡이 역할을 하던 계명들이 사람들을 구속하게 되었고, 계명의 정신은 사라지고 문자만 남게 되었다. 18세기부터 19세기 전반까지 가톨릭교회에서는 결의론決疑論이 발생했다. 십계명을 기초로 구체적 규칙을 만들고자 했던 결의론은 불과 1950~60년대까지만 해도 십계명을 대한 그리스도인들의 태도를 지배하고 있었다. 예컨대 결의론은 어머니 지갑에서 2마르크를 훔치는 것은 용서받을 죄이지만, 2마르크 1페니히부터는 무거운 죄라는 식이었다. 이처럼 인간적이지 않은 규칙들이 고안된 것은 19세기이지만, 수없이 비난받은 중세에도 이보다는 자유롭고 유연했다.

개신교에서도 십계명은 사람들을 구속하고 두려움에 떨게 하는 규칙들 가운데 하나였다. 교회는 지금껏 누렸던 제도적 권력이 위험에 처했다는 것은 인식했다. 하지만 사람들의 감성과 이성을 강압적으로 지배하던 세속적 권력의 상실이 그들의 정신과 영혼에 얼마나 커다란 가능성을 불러올지는 간파하지 못했다. 교회에서는, 특히 개신교 목사들의 가정에서는 기쁨과 유머를 찾아볼 수 없었다. "사람들이 내게 자꾸만 죄의식을 심어 주니까, 사는 게 도무지 기쁘지 않아요. 하느님이 언제라도 벌을 내릴 듯 지켜보는 것 같아요. 하느님이 무서워요. 나는 그저 죄인일 뿐이죠"라고 고백하는 사람들이 요즘도 수두룩하다. 이런 사람들의 마음에는 마르틴 루터가 찾던 은혜로운 하느님이 설 수 있는 자리가 없다. 이렇게 받아들인다면 십계명은 끔찍한 메시지일 뿐이다. "너 자신을 긍정해서는 안 된다. 네 육체도, 꿈도, 욕구도, 감정도 긍정해서는 안 된다." 십계명이 인격을 옭아매고 구속하고 억압하는 잔혹한 강령이 되는 꼴이다.

그러니 이런 완고한 규칙에 대해 끊임없이 비판이 제기된 것은 당연한 결과다. 계몽주의 철학자 임마누엘 칸트Immanuel Kant는 십계명을 올바르고 중요한 것이라 생각했다. 하지만 십계명을 종교적 맥락에서 분리했고 도덕을 교회의 굴레에서 벗어나게 했다. 프리드리히 니체Friedrich Nietzsche는 말했다. "네 의지의 준칙이 보편적 법칙이 될 수 있도록 행동하라." 니체에게 하느님과 이웃을 사랑하라는 계명은 문화의 몰락을 뜻하는 데카당스décadence의 징조였다. 그래서 1888년에는 이렇게 말했다. "특히, 자신을 버리라는 도덕은 전형적인 몰락의 도덕이다." 그렇지만 무엇보다 파장을 일으킨 것은, 1929년 지그문트 프로이트Sigmund Freud가 그리스도교의 계명에 대해 제기한 비판일 것이다. 초자아(superego)는 자아(ego)에 권력을 행사한다. 사랑의 계명은 "문화 초자아가 자아를 비심리학적으로 대한다는 것을 보여 주는 분명한 예다. 사랑의 계명은 실천 불가능하며, 이러한 사랑의 과잉은 사랑의 가치를 깎아내릴 뿐 인간의 곤경을 없애 주지 못한다." 여기서 프로이트가 표현한 것은, 개인의 자립을 박탈하고 두려움을 빌미로 지배하고 경직된 인간상을 내세워 억압하는 것에 대한 독립된 인격의 저항이었다.

프로이트의 비판을 받아들인 '68세대'는 예부터 내려오는 계명들이 사람을 구속하고 인격의 발전을 가로막는다며 철폐를 주장했다. 당시 젊은이들은 '간음해서는 안 된다'는 계명에 맞서 '같은 여자와 두 번 자는 자는 이미 기성 권력이다!'라는 구호를 내걸었다. 하지만 이러한 발언을 서슴지 않던 젊은이들의 대부분은 그 이면에 또 다른 강박과 억압이 숨어 있다는 사실을 알아차리지 못했다. 그리고 얼마 지나지 않아 새로운 규칙들도 오래된 규칙들 못지않게 엄격해졌다. "사회주의를 신봉해야 한다! 특정한 개념을 사용해야 한다! 특정한 집단에 속하려거든 그에 맞는 특정한 견해를 지녀야 한다! 이러한 규칙을 위반하는 자에게는 불행이 따를 것이다!"라는 식이었다. '올바른 의식'이 결여된 사람은 배척당하기 마련이었고, 이런 '올바른 의식'에 대해서는 이의를 제기할 수 없었다.

결국에는 '신흥 종파'보다는 하느님을 따라야 한다는 인식이 성숙했다. 게다가 십계명이 아직 힘을 잃지 않았다는 사실도 드러났다. 죄악을 세세히 따지려 들던 자들과 두려움을 조장하던 자들도, 완전한 개인주의와 무한한 자유를 부르짖던 주창자들도 십계명을 어찌하지는 못했다. 토마스 만Thomas Mann은 십계명을 가장 매력적으로 묘사한 작가일 것이다. 토마스 만은 소설 『율법』*Das Gesetz*에서 십계명을 "한없이 간결한 율법", "설득력 있고 구속력 있는 율법"이라고 했고, 모세에 대해서는 이렇게 언급했다. "제 출생이 불분명했던 모세는 질서 잡힌 것과 확고부동한 것, 계명과 금령에 열정을 바쳤다. 젊은 날 모세는 격렬한 감정에 휩싸여 살인을 저질렀다. 그래서 사람을 죽이는 순간에는 희열이 있더라도 결국에는 끔찍하게 괴롭다는 것과, 따라서 살인해서는 안 된다는 것을 겪어 보지 않은 사람들보다 잘 알았다." 모세는 사람을 죽였다. 영원한 율법을 저버리는 체험을 몸소 겪은 것이다. 바로 이러한 까닭에 하느님의 율법을 선포하라고 부름 받았다. 모세는 혼돈이 질서를 불러온다는 것과 인간성에 대한 규칙이 없다면 비인간성이 지배하게 된다는 것을 알았다.

십계명의 핵심은 "인간의 행동", 즉 "올바른 행실의 반석"이다. 모세는 돌판에 새긴 십계명이 더욱 잘 보이게 하려고 자신의 피를 칠했다. 십계명을 생명과 체험으로 흠뻑 적신 것이다. 토마스 만이 『율법』을 집필한 것은 1943년 망명지 미국에서였다. 아돌프 히틀러Adolf Hitler가 독일을 통치하던 시기였다. 히틀러는 이렇게 선포했다. "십계명에 맞서는 새로운 법률이 새겨진 판을 내가 세울 날이 언젠가 올 것이다. 십계명에 맞서 싸우자!"

나치와 공산주의자들은 십계명을 전체주의의 요구에 반한다는 이유로 배척했다. 독일 국민과 사회주의에 이바지하는 것만이 정당하다고 주장했다. 그러니 하느님을 공경하고 인간성을 지키며 다른 사람을 조건 없이 섬기라는 계명과 화합할 수 없었다. 십계명은 독재를 거부한다. 지상에 억지로 낙원을 세우려고 하지 않는다. 인간의 바른 행실을 지지한다. 40년 전만 해도 신념에 찬 혁명가였던 사람들이 이제는 모든 이데올로기를 넘어서는 규칙이 사회에 필요하다고 확신하게 되었다. 놀라운 일이었다. 성경의 계명들은 독재뿐 아니라 이기주의도 거부한다. 서구 산업국가에서는 (법치주의와 민주주의에도 불구하고) 믿을 수 없을 정도로 이기주의가 만연해 있는데, 이러한 이기주의가 어떤 결과를 초래할지는 아직 짐작조차 할 수 없다. 이기주의도 이기주의지만 삶에서 방향을 상실한 사람들도 허다하다. 젊은이들도 예외는 아니다. 분별력 있게 통찰할 때, 그리고 문자에 얽매이는 대신 진의를 따를 때 십계명은 인간에게 내면의 길잡이가 된다. 인간은 십계명을 이성으로 통찰할 수 있다. 십계명은 본디 인간 내면에 내려진 계명이다.

십계명은 어느 한 종교나 교파의 전유물이 아니다. 가톨릭, 개신교, 성공회, 동방정교회, 자유교회 등 모든 교회의 것이다. 특정한 신부나 목사, 교파나 종파가 아니라 바로 하느님 앞에서 자신의 행동을 책임져야 한다고 자각하는 그리스도인들 때문에 십계명은 존재한다. 십계명은 그리스도교의 일치에 더할 나위 없이 기여한다. 모든 교파를 한데 결속하기 때문이다. 또한 십계명은 종교 간 대화의 기초이기도 하다. 유다교는 물론 이슬람교와도 십계명을 두고 대화를 나눌 수 있다. 코란 17장에는 유다교와 그리스도교의 십계명에 견줄 만한 일련의 계명이 나온다. 믿는 자는 우상을 숭배하지 않고, 부모와 친척을 공경하며, 가난한 이와 나그네를 돕고, "가난해질까 두려워" 자식을 살해하지 않고, "하느님께서 금하셨으니, 정당한 이유 없이 사람을" 살해하지 않아야 한다는 계명이다. 그 밖에도 약자의 재산을 멀리하고 모든 계약은 지키고 교만하지 말라는 계명이 있다. 불교에서도 살생과 도둑질, 음행, 거짓말, 다툼, 탐욕, 악의를 '악업'惡業으로 여긴다.

　십계명은 헌법, 민법, 형법 등 그 어떤 종류의 국법보다 오래되었다. 국법은 국민의 공동체 생활을 규정하고, 이를 위반하면 처벌한다고 경고한다. 국법은 내적 신념 때문에 지키는 법이 아니다. 어기면 경찰에 불려 가니까 지키는 법이다. 십계명에는 이러한 강제성이 없다. 내적으로 받아들여 자발적으로 지켜야 할 뿐이다. 이것이 십계명의 강점이다. 십계명은 국법보다 내면 깊은 곳에 파고들어 공동체가 성장할 수 있는 토대를 마련한다. 다름 아닌 자발성에 기초하기 때문이다. 구성원 각자의 자발적 통제가 없다면 공동체는 와해될 위험이 있다. 법률만으로는 이기주의와 방향 상실이라는 위기를 극복할 수 없다. 제아무리 자유분방한 인간이라도 삶에는 구조가 필요하다. 그렇지 않으면 자유롭게 살지 못한다. 자유와 구조는 서로 한 쌍을 이룬다. 구조에는 융통성이 있어야 한다. 우리 수도회의 창시자인 베네딕도 성인도 이러한 점을 인식했다. 전깃불이 없던 시절, 베네딕도회 수도자들은 겨울에는 아홉 시간이나 잤지만, 여름에는 고작 다섯 시간밖에 안 잤다. 게다가 수도 규칙을 보면, 본디 수도자들은 술을 마시면 안 되지만 요즘(6세기) 수도자들에게는 설득력이 없으니 하루에 반병은 용인한다고 했다. 일이 고되거나 뜨거운 여름이면 수도원장이 조금 더 허락할 수도 있었다. 이처럼 수도 규칙은 법률이 아니라, 현대의 수많은 요구에 융통성 있게 대처하는 규칙이다.

또한 수도 규칙은 토마스 만이 묘사한 것과 같은 좌절과 인간의 한계를 잘 알고 있다. "이미 살인을 저지른 바 있는 모세였기에 '살인해서는 안 된다'는 계명의 무게를 정확히 알 수 있었다." 성경은 용서와 화해의 복음을 선포한다. 예수는 말한다. "너희는 좌절하거나 실수할 수 있다. 너희는 좌절하거나 실수할 것이다. 그렇지만 너희에게는 용서와 회개가 있다." 가톨릭교회에서는 미사에서 감사 기도를 드릴 때 예수께서 당신을, 즉 당신의 몸과 피를 죄의 용서를 위해 내어 주었다고 말한다. 바로 이것이 그리스도교의 핵심이다. 예수의 죽음을 통해, 겉보기에는 좌절에 불과한 그분의 죽음을 통해 죄가 용서되고 부서진 것이 회복되며 새로운 것이 시작된다.

그래서 만들어진 지 거의 3,000년이 지난 오늘날에도 십계명은 유효하다. 지금껏 이루 헤아릴 수 없이 많은 사람들이 십계명을 어겼다. 사제와 주교, 그리고 교황들까지 예외는 아니다. 그리스도교를 내세우던 수많은 지배자가 십계명을 짓밟았다. 하느님의 이름으로 사람들을 살육하고 파괴했다. 그럼에도 십계명은 살아남았다. 겉으로 무력해 보일지라도 십계명은 파괴자들에게 맞서 인간성을 지키는 요새가 되었다. 또한 힘없는 이들이 독재자에게 맞서 저항하는 목소리이자 무기가 되었고, 모르는 이치가 없어 그릇된 언행이 없다고 자만하는 이들이 제 본 모습을 깨닫는 도구가 되었다.

첫째 계명

너에게는 나 말고 다른 신이 있어서는 안 된다

하느님은 질투하신다! 유다인의 하느님이시며, 훗날 그리스도인의 하느님이 되신 그분께서 유일무이한 신이고자 하신다. 게다가 온갖 신들로 가득 찬 세상에서 그리하길 바라신다! 고대 전 시기에 걸쳐서 이는 기이하다 못해 분노를 자아내는 관념이었다. 로마인은 그리스도인의 유일신론을 지나치게 오해한 나머지 초기 그리스도인을 무신론자로 고발했다. "신이 오직 하나라니, 실은 신이 없어도 좋다는 뜻이 아닌가?" 그렇지만 신이 오직 하나라는 것은 아주 오래된 관념이다. 무려 3,300여 년 전에 파라오 아크나톤이 태양신 아톤을 이집트의 유일신으로 규정한 것이다. 하늘의 주인이 누구인지 분명히 아는 한, 아톤 숭배는 다른 신들에게 관대했다. 반면 이스라엘 민족의 하느님 야훼는 기원전 6세기에 다소 소박하게 출발했다. 당대 권력자가 숭배를 명한 것이 아니었다. 야훼는 예루살렘 주변에 살던 이스라엘 민족의 지역신이었다. 기원전 6세기부터 야훼는 다른 지역신들과 힘겨운 투쟁을 벌이며 자신의 위치를 고수해야 했다. 언제든 폐기될 수 있는 전능자였다. 하지만 야훼는 끈질겼다. 경쟁자들에게는 없는 두 가지 장점이 야훼에게는 있었다. 일단 야훼를 섬기는 일에는 값비싼 형상이 필요하지 않았다. 성전이 파괴되거나 사제들이 살해되고 사방으로 흩어지더라도 야훼는 건재했다. 야훼에 대한 신앙은 그분이 이 세상에서 거두는 성패에 구속되지 않았다. 또 다른 장점은 이스라엘 민족의 하느님이 무서울 정도로 질투한다는 것이었다.

 신이 질투한다니 이상한 소리다. 어딘가 열등한 신 같기도 하다. 절대자라면 누구보다 관대하고 모든 것에 군림해야 하지 않을까? 인간들이 하루가 멀다고 신의를 저버려도 온화하게 굽어보아야 하지 않을까? 인간은 지혜가 부족하니 달리 어찌할 수 없는 존재가 아닌가? 하지만 질투하는 하느님보다 인간적이고 인간에게 가까운 절대자는 없다. 질투하는 하느님이라는 지극히 인간적인 관념은 구약성경 전체를 관통한다. 하느님은 당신 백성을 걱정하신다. 그분은 당신 백성과 군신의 관계에다가 애정의 관계까지 맺으셨다. 그래서 여느 연인처럼 질투하신다. 그분은 당신 백성에게 모든 것을 내어 주신다. 이스라엘 민족을 더 강한 민족들로부터 보호하신다. 그런데도 당신 백성은 창녀 짓을 한다. 다른 신과 정을 통한다. 이런 창녀 짓에 하느님은 격노하신다. 예언자 호세아에게 당신을 배반한 이스라엘 백성을 꾸짖으신다. "너는 가서 창녀와 창녀의 자식들을 맞아들여라. 이 나라가 주님에게 등을 돌리고 마구 창녀 짓을 하기 때문이다"(호세 1,2). 호세아는 상처 받은 하느님의 슬픔을 전한다. 슬픔에 잠긴 하느님은 이렇게 꾸짖으시는 것이다. "너희가 내게 이리 굴다니! 나와의 관계를 진심으로 받아들이지 않을 셈이라면, 나머지 계명과 다른 모든 예법도 진심으로 받아들일 필요가 없다."

하느님은 인간을 지극히 사랑하신다. 그분은 인간을 미치도록 사랑하시는 것으로 당신 존재를 드러내신다. 사랑에 빠지면 제정신이 아니다. 그러니 인간을 너무도 사랑한 나머지 당신을 온전히 내어 주시는 하느님께서 완전히 미쳐 버리시는 것은 당연한 일이다. 하느님은 우리와 가까이 계시고자 당신을 아주 인간적인 모습으로, 때로는 가장 보잘것없는 모습으로 드러내신다. 일본의 어느 불교 신자는 십자가에 매달려 죽는 신은 신이 아니라고 말했다. 신의 존엄에 걸맞지 않다는 소리였다. 하지만 하느님은 인간을 더없이 사랑하시기에 인간에게 신의를 희망하신다. 그리고 이러한 희망은 십계명의 문제를 관계의 차원으로 끌어올린다.

당신 백성을 위해 노심초사 애쓰시는 하느님은 그 백성이 당신에게 받은 사랑을 아무렇게나 내던져 버리지 않기를 바라신다. 질투하는 하느님은 당신 백성을 진심으로 받아들이신다. 인간이 하는 행동에 무심하시지 않다. 유다인과 그리스도인의 하느님은 시계공이 아니시다. 인간을 만들어 놓고 태엽을 감은 다음, 그들이 어디로 가든지 개의치 않는 분이 아니시다. 이스라엘 백성의 하느님은 당신 백성과 생동하는 관계를 맺으신다. 그래서 당신께서 선택한 백성이 변덕을 부려도 인내하신다. 그런데 바로 그들이 하느님을 가혹히 시험했다. 이집트에서 먹던 '고기 냄비'(탈출 16,3 참조)가 조금만 그리워도 하느님을 배반했다. 구약성경 저자들이 보기에 바빌론 유배는 하느님을 배반한 당연한 결과였다. 이스라엘 백성이 당신의 사랑을 거부하자 그분은 등을 돌리셨고 곧 환난이 닥쳤다.

　질투하는 하느님은 더없이 생동하는 하느님이다. 바알 숭배에서 비롯된 다신교의 경쟁자들을 조롱하며 시편 저자들은 하느님의 생동을 느꼈다. 다신교의 신들은 입이 있어도 말하지 못하고 눈이 있어도 보지 못하며 귀가 있어도 듣지 못하고 코가 있어도 맡지 못한다. 발이 있어도 걷지 못한다(시편 115,5-7 참조). 온통 금으로 덮어 호화롭게 꾸민다 하더라도 우상은 살아 움직이지 못하니 맞는 말이다. 또한 유다인과 그리스도인의 하느님은 그리스 철학자 플라톤Platon과 아리스토텔레스Aristoteles가 말한 절대자와도 다르다. 아리스토텔레스는 『형이상학』에서 절대자를 '영원히 움직이지 않으면서 자존自存하는 존재'로 묘사함으로써 천상에 신들이 가득하다고 믿던 그리스인들을 분개하게 만들었다. 하지만 아리스토텔레스는 절대자가 현상계를 바깥에서 움직인다고 보았고, 플라톤은 한 걸음 더 나아가 역사의 원동력이 사랑이라고 했다. 그럼에도 아리스토텔레스와 플라톤의 절대자는 유다인과 그리스도인의 생동하는 하느님에 비하면 추상적이다. 하나의 원리나 이론에 불과하다.

18세기에 계몽주의자들이 주장한 이신론理神論도 구약성경에 나오는 사랑에 빠져 질투하시는 하느님과 비교해 보면 공허할 따름이다. 르네 데카르트René Descartes나 임마누엘 칸트에게 하느님은 선善 원리이자 도덕 원리이며 실천 원리이다. 이것은 분명 신성의 한 차원이지만 그저 일부에 그친다. 하느님이 사람들의 행실이나 단속하는 무소부재無所不在한 감시자라니, 하느님이 선하고 아름답고 옳은 것만 돌보는 존재라니 이 얼마나 답답한 노릇인가! 이러한 하느님은 인간을 사랑한다는 증거가 없는 하느님이고, 인간의 지력으로 헤아릴 수 없는 신비도 없는 하느님이며, 훗날 종교 비판의 대상이 된 하느님이다. 절대자로서 다스려야 할 부분을 다스리지 않는 '기능적 하느님'이나 권력과 권세를 통제하지 않으면서도 세상에 악을 만들고 인간의 결점을 없애는 '기능적 하느님'은 가짜 하느님으로, 인간의 날조거나 인간 갈망의 투사에 지나지 않는다고 사람들은 비판했다. 1654년 11월 23일, 프랑스 철학자 블레즈 파스칼Blaise Pascal은 신비로운 하느님 체험을 했다. 파스칼은 그 체험을 양피지에 기록했고 죽는 날까지 외투 안감에 몇 번이고 기워 넣으며 지니고 다녔다. 「메모리알」Mémorial이라 불리는 이 유명한 기록은 다음과 같은 문장으로 시작된다. "철학자와 식자識者의 하느님이 아닌 아브라함의 하느님, 이사악의 하느님, 야곱의 하느님." 차이를 명확히 드러내는 문장이다. 철학자와 식자의 하느님은 영민히 궁리하여 상세히 묘사한 결과 나온 것이다. 그들은 당시 여러모로 곤경에 빠진 교회로부터 하느님을 분리하여 설명하고자 했지만, 결국은 구체적이고 생동하는 믿음과도 하느님을 분리하고 말았다.

하지만 예언자들의 하느님은 살아 숨 쉬는 하느님으로 현존하신다. 하느님은 당신을 몸소 드러내시는 분이다. 그저 당신 신비에 머물지 않고 인간에게 다가오신다. 아브라함의 하느님은 아브라함과 그의 가족의 삶에 개입하셨다. 모세의 하느님도 마찬가지셨다. 실은 모세가 전혀 원하지 않았음에도 당신의 백성을 해방하는 위대한 소명에 부르셨다. 바오로의 하느님도 바오로의 삶에 깊이 개입하여 나아갈 방향을 결정하셨다. 바오로는, 우리가 얼마나 쉬이 실제와는 다른 그릇된 하느님상을 만들어 내는지를 보여 주는 좋은 예다. 하느님은 모순투성이고 신비로우며 일면 섬뜩하기까지 하시다. 그분은 당신에게 다가오는 이라면 누구에게라도 싸움을 거신다. 인간은 그분과 싸울 수 있고, 또 반드시 싸워야 한다. 야곱은 야뽁 강가에서 하느님과 씨름했다. 하느님의 사자가 야곱의 엉덩이뼈를 쳐서 다치게 만들었지만 야곱은 놓아주지 않았다. 하느님은 동이 틀 무렵 야곱에게 축복을 내리셔야 했다.

19세기 덴마크 철학자 쇠렌 키르케고르Søren A. Kierkegaard는 하느님을 미루어 헤아리지 못하고 이성적 사고로 파악하지 못하는 분으로 설명하며 평생을 분투했다. 바로 이러한 점에서 키르케고르는 계몽주의 철학자들과 구별된다. 철학자의 하느님을 믿는 사람은 (정도의 차이는 있겠지만) 인식할 수 있고 설명할 수 있는 일종의 원리를 믿는 꼴이다. 이성적 사고가 신앙의 성숙에 중요한 것은 사실이다. 그렇지만 예언자의 하느님을 믿으면 이성적 사고를 넘어 사랑할 수 있고, 의심할 수 있으며, 끊임없이 싸울 수 있는 대상이 생기게 된다. 그러면 삶은 철저히 투쟁이 되고, 심지어 하느님과의 싸움이 된다. 아무리 신심이 깊더라도, 일생을 하느님께 바치더라도 이러한 싸움을 면하지는 못한다. 인간은 자유의지를 지키기 위해 싸우고 하느님을 이해하기 위해 싸우며 때로는 하느님의 의지를 자신의 의지로 관철하기 위해 싸운다. 그러다 결국에는 스스로 깨닫는다. 하느님을 한구석으로 밀어 버린 탓에 자신이 그리도 좌절했음을 알게 된다.

  질투하시는 하느님은 요구 많은 까다로운 하느님이시다. 그분은 우리 머릿속에 있는 하느님상에 맞지 않으신다. 그분은 우리가 인간이라는 한계 안에서 당신에 대해 생각한 바를 물거품이 되게 하신다. 값비싼 생일 선물이나 크리스마스 선물에 만족하기보다, 마음과 영혼과 속 깊은 관계를 중요시하는 까다로운 배우자와 같으시다. 어찌 보면 이것은 이스라엘 민족과 온 시대를 함께하신 하느님의 결점이기도 해서 이스라엘 민족은 번번이 다른 신에게 마음을 빼앗겼다. 바알이나 여타 다른 신을 만족시키는 일은 하느님을 만족시키는 일보다 수월했다. 경제적 관점에서 고대의 신들은 하느님보다 실용적이었다. 고대의 신들은 그저 제물을 원했고 성과와 그에 따른 보상이라는 분명한 인과율을 내세웠다. 그들을 숭배함으로써 공예, 건축, 관광 같은 경제 활동이 살아났다. 그 어떤 다른 신도 용납하지 않던 유일신을 누구보다 격렬히 반대한 자들은 다름 아닌 은장이와 조각가였다. 그래도 아브라함과 이사악과 야곱의 하느님은 세상의 이익과 늘 거리가 있었다. 그분은 당신이 온전히 인간을 위해 존재하고자 하시기에 인간도 온전히 그리하기를 바라신다. 그분은 인간이 당신의 형상을 세워서 제사를 올리고 제물을 바친다고 만족하실 분이 아니다. 그러니 인간은 두렵고 혼란스럽기만 하다. 그분과 관계를 맺으려면 용기가 필요하다. 근사한 선물에 만족할 뿐, 속 깊은 관계까지 바라지는 않는 배우자가 전부를 원하는 배우자보다 한동안은 한결 편할지도 모른다.

하지만 첫째 계명을 요구하시는 하느님은 전부를 원하신다. 이것이 그분을 믿는 이들을 두렵게 하고 혼란스럽게 하며 한계에 다다르게 한다. 그럼에도 그분과의 관계를 받아들인 이들은 대부분 경이로움을 금치 못한다. 많은 것을 바라는 까다로운 사랑이 곧 제멋대로 구는 사랑이 아니듯, 많은 것을 요구하며 사랑하시는 하느님이 곧 독단적인 하느님은 아닌 것이다. 그분은 당신의 동반자요 연인인 인간에게 최고의 것을 바라신다. 예언자들도 이렇게 말했다. "까다로운 사랑은 인간에게서 최고의 것을 이루어 낸다. 그 사랑을 거부하는 자나, 그 사랑보다는 곧바로 받을 수 있고 비싸기까지 한 선물, 그러니까 푼돈 따위를 바라는 자는 그릇된 길로 빠져든다."

여기서 경이로운 점은 많은 것을 요구하며 사랑하시는 하느님과 우리가 논쟁하고 싸울 수 있다는 것이다. 하느님에게 시련을 당한 욥도 높으신 그분과 싸웠고, 시편 저자도 끊임없이 그분에게 불평을 늘어놓았다. 오늘날 우리 귀에는 정말 이상하게 들릴지도 모르겠지만, 시편 저자는 분노와 저주를 퍼붓곤 했다. "하느님, 어찌하여 제 목소리를 들어 주시지 않습니까? 제가 드리는 청을 받아 주시어 원수를 멸하시고 저를 구하소서!" 그런데 바로 이러한 분노가 구약성경에서 드러난 신앙의 인간적 면모다. 그렇다. 인간은 하느님께 원망과 한탄을 늘어놓아도 된다. 그분은 참고 견디신다. 그분은 그런 인간이라도 곁에 머물고자 하신다. 이러한 관점에서 돈 카밀로와 페포네가 나오는 영화는 지극히 신학적이다. 돈 카밀로 신부는 틈만

나면 성전에 들어와 십자가에 달리신 예수님에게 따진다. 예수님을 탓하기도 하고 성내기도 한다. 자신이 그분을 위해 싸우는 지상 일꾼인데도 원하는 바를 들어주시지 않기 때문이다. 돈 카밀로 신부는 제 바람을 호소하며 복수심과 분노를 토로하기도 하고 세상의 창조주인 분에게 버릇없이 굴기도 한다.

베네딕도회 대표단이 중국에 갔을 때 이야기다. 일이 도무지 진척되지 않았다. 베이징을 벗어나 다른 지역으로 가려면 여행 허가증이 필요한데 당국은 발급해 줄 기미가 없었다. 우리를 약 올리다시피 했다. 나는 하느님과 한바탕 싸웠다. '주님, 휴가나 즐기러 여기 온 게 아닙니다. 중국 정부가 문을 열기를 원하신다면 어떻게든 힘을 써 주셔야죠. 저야 내일이라도 당장 돌아가면 그뿐입니다.' 그런데 효과가 있었다! 느닷없이 여행 허가증이 발급되고 일이 한 걸음 진척되었다. 영원히 닫혀 있을 것이라 생각했던 문이 활짝 열린 것이다. 내가 내뱉은 것은 말하자면 자포자기한 마음에서 나온 유머였다. 그런데 그 유머가 통했다. 유머는 인간적인 하느님께서 가지신 여러 이름 가운데 하나다. 하느님은 유머를 좋아하신다. 인간의 유별난 구석까지 감내하려면 아마도 유머가 많이 필요하실 것이다. 게다가 하느님에 대한 일이라면 유머는 늘 유용하다. 유머는 적당히 거리를 두고 인식하는 태도이고, 우리는 하느님을 대하는 것만으로도 이러한 태도를 취하게 된다. 하느님에 대한 인간의 관념에는 한계가 있기 마련이라, 우리는 어느 정도 거리를 두고 이러한 관념을 대해야 한다.

이러한 유머가 없다면, 즉 거리를 두고 인식하는 태도가 없다면 질투하는 유일신에 대한 신앙은 얼마든 오인될 수 있다. 병적 질투가 인간관계를 파괴하는 것과 같은 이치다. 자신들의 신만이 유일한 신이라고 말하는 종교가 있다면 개중에는 다른 종교의 존재를 부정하는 자들도 있기 마련이다. 모든 계시종교에는 배타주의와 근본주의, 폭력주의의 경향이 내재한다. 모세는 군대 지휘관들을 이렇게 꾸짖었다. "너희가 여자들을 모두 살려 두다니! … 그러니 이제 아이들 가운데 남자는 다 죽여라. 남자와 잠자리를 같이하여 사내를 아는 여자도 모두 죽여라"(민수 31,15-17). 게다가 지난날 그리스도인들도 "나는 세상에 불을 지르러 왔다. 그 불이 이미 타올랐으면 얼마나 좋으

랴?"(루카 12,49) 같은 구절을 믿음이 다른 사람들에게 폭력을 가해도 된다는 뜻으로 곡해했다. 신은 진리를 선포했다. 따라서 유일신을 믿는 종교는 자신들만이 진리를 선포한다고 주장해야 한다. 그리하지 않으면 다른 신을 용납하지 않는, 질투 많은 유일신을 배반하는 꼴이 되는 것이다. 독실한 무슬림이나 유다인, 그리스도인은 '믿음이 없는' 주변 세계와 언제나 긴장 관계다. 유일신을 믿는 그들은 의아해한다. "어째서 하느님의 구원을 받아들이지 않을까? 하느님을 믿지 않는 이가 하느님을 경외하는 이와 어찌 똑같은 권리를 누린단 말인가? 진리를 눈앞에 두고도 어찌 다원론이 있을 수 있는가?" 더군다나 그리스도교와 이슬람교와 유다교의 경전에는 결국 최후에 악이 패배한다고 쓰여 있어서, 세 종교는 폭력을 자행하고 싶은 유혹을 내재하고 있는 셈이다.

종교는 인간의 마음에 아주 깊이 닿아서 천국으로 이끌 수도 있고 지옥으로 이끌 수도 있다. 또한 인간을 드높은 사랑이나 지독한 증오로 이끌 수도 있다. 인간을 순교자로 만드는 것도, 살인자로 만드는 것도 종교다. 종교에도 밝은 측면이 있고 죽음을 부르는 어두운 측면이 있다.

두 측면은 눈 깜짝할 사이에 한 측면에서 다른 측면으로 뒤집어지곤 한다. 어두운 측면을 옹호하는 자들, 즉 근본주의자들은 첫째 계명을 곡해했다. 사랑하여 질투하는 하느님을 폭력을 휘두르는 하느님으로 만들려고 했다. 이렇듯 폭력성을 잠재한 하느님을 민주주의 사회의 그리스도인들은 어느 정도 억제했다. 신학자들은 구약성경의 살기 어린 구절들을 역사적 맥락에서 이해해야 한다고 강조했고, 사제와 목사들은 요한묵시록에 대해 설교하던 경향을 버렸다. 이제 그리스도인들은 인간의 보편적 권리를 지지하고 정의가 전 세계에 실현되도록 힘쓴다. 종교를 폐기하려고 일어난 계몽주의와 세속화가 역설적이게도 종교를 치유했고, 지배와 폭력에 등 돌리게 했으며, 민주주의와 다원 사회를 받아들이게 했다. 하지만 이러한 변화도 종교의 역사를 되돌아보건대 순간에 불과하다. 게다가 이슬람교에서는 이에 견줄 만한 과정이 일어나지 않았다. 그리스도인들이 뼈아프지만 불가피하게 감내했던 계몽주의 과정이 이슬람교에는 결여되어 있다. 이슬람권에서는 종교의 어두운 측면을 기반으로 권력을 유지하는 정권과 정당, 정치적 사조가 너무 많은 실정이다.

현재 이슬람교에서는 병적으로 질투하는 하느님을 내세우는 집단이 패권을 쥐고 있다. 유다교와 그리스도교에도 그러한 집단이 있다. 그들의 세력은 늘어만 가고 권력도 날로 커지고 있다. 서로 경쟁이라도 하듯 무섭게 권세를 키운다. 놀라운 점은 세 종교의 근본주의가 각각 수많은 차이가 있음에도 상당한 부분에서 유사하다는 것이다. 근본주의는 옛 시대의 표상과 배경을 수단으로 삼는다. 하지만 20세기에 일어나는 현상이다. 1919년 미국에서는 세계기독교근본주의협회(World's Christian Fundamentals Association)가 창립되었다. 비슷한 시기에 라삐 아브라함 이삭 쿡Abraham Isaak Kook이 '위대한 이스라엘'이라는 비전을 발전시켰다. 1928년에는 하산 알반나Hasan al-Banna가 이슬람주의의 기원이 되는 무슬림형제단(Muslim Brotherhood)을 조직했다. 앞선 세 사조는 모두 현대사회에서 경험하게 되는 상실과 불안에 대한 반작용이다. 세 사조는 자신들만이 계시 문헌을 문자 그대로 받아들여서 올바르게 이해한다고 주장한다(그들의 이해도 해석에 불과하다). 그래서 자신들에게 올바른 국가질서와 사회질서의 해법이 있다고 내세운다. 다양성이 공존하는 사회의 양가성兩價性을 선과 악이라는 도식으로 해체하는 것이다.

　당신이 유일한 신이라고 말하시는 하느님은 결코 편협하신 분이 아니다. 2006년 9월 12일, 교황 베네딕도 16세는 여러 논쟁을 불러일으킨 레겐스부르크 강연에서 비잔틴제국 황제 마누엘 2세Manuel II를 인용했다. "하느님은 피를 좋아하지 않으시며 이성에 맞지 않는 행동은 하느님의 본질에 어긋난다. 그러니 누군가를 믿음으로 이끌고 싶다면 알맞은 화법과 올바른 사고가 필요할 뿐, 폭력과 위협은 필요하지 않다." 교황은 하느님께서 이성을 거슬러 행하시지 않는다는 것을 말하고자 했다. 그분은 너그러우시다. 그분은 당신의 구원을 거부하는 이들이 있다는 것을 받아들이시고 그럼에도 사랑하신다. 그렇다고 그분께서 다른 신을 인정하고 임의의 신이 되는 것은 아니다. 그분은 당신을 믿지 않는 이들을 멸하고 싶어 하지 않으신다. 다른 견해를 존중하시고 인간의 거부를 인정하시며 믿는 이의 탈선을 용서하신다. 하지만 인간이 무엇을 행하건 무관하신 것은 아니다. 그분은 당신을 이교인의 우상들과 같은 자리에 세우시지 않는다. 그분이 진리를 선포하신다.

하느님은 진리이시며 그리스도교는 진리를 선포한다고 한다. 어려운 말이다. 그리스도교가 2,000년밖에 되지 않았다는 것을 우리는 알고 있다. 인류의 역사에 견주면 눈 깜빡할 사이다. 종교 역사학자들은 유일신론이 이집트에서 발생하여 이스라엘 민족에게 전승되는 과정을 추적했다. 그들은 동정녀 탄생 같은 모티프가 종교사 전반에 통용되었다는 것을 입증했다. 우리는 이제 알고 있다. 하느님에 대한 우리의 관념에는 한계가 있고, 구약성경의 저자들과 복음사가들과 바오로 사도는 인간이 궁극적으로 파악할 수 없는 바를 묘사하고자 여러 언어와 표상을 찾아다녔다. 그렇더라도 종교적 진리가 손상되는 것은 아니다. 진정한 종교라면 반드시 진리의 길이어야 한다. 진정한 종교는, 종교에 역사가 있다는 것과 인간이라는 형상에 한계가 있다는 것에 손상되지 않아야 한다. 믿는 이는 이러한 긴장 관계를 감내해야 한다. 이리저리 흔들리는 토대를 신뢰해야 한다. 또한 믿음이 자신을 지탱해 주어서 진리로 이끌리라는 사실에서 출발해야 한다. 모든 종교가 상대적이라고 말하는 이들에게도 실은 절대적 기준이 있다.

고트홀트 레싱G.E. Lessing의 극시劇詩 「현자 나탄」Nathan der Weise에는 관용의 가치를 기막히게 일깨우는 '반지牛指 우화'가 나온다. 무슬림·유다인·그리스도인 모두가 진리를 가지고 있지만, 또한 그렇지 않기도 하다는 내용이다. 하지만 엄격히 말하자면 레싱도 종교에 대한 자신의 관념을 절대적인 것으로 내세운다. 레싱에 따르면 인간적으로 올바른 행동이 종교보다 우위에 있다. 그렇지만 이러한 인간성도 자신만의 진리를 내세운다. 심지어 수학도, 결국에는 믿음의 차원에 이르는 기본 명제인 공리公理 없이는 성립되지 않는다. 자체만을 출발점으로 하여 타당성이 있는 수학 방정식이 있는가 하는 논란은 이제 결론이 났다. 그런 방정식은 없다. 모든 수학에는 기본 전제가 필요하다. 이러한 논리 체계를 수용하면 체계 내에서 계산이 가능해지고, 수용하지 않으면 계산은 모두 거짓이 된다. 그러니 우리는 자연과학에서조차 그저 받아들여야 할 뿐, 새로 만들어 내지는 못하는 지점에 다다르기 마련이다.

위대한 가톨릭 신학자 칼 라너Karl Rahner가 이러한 긴장 관계를 훌륭히 설명했다. 라너는 신앙의 진리가 논리적으로 증명될 수는 없어도 납득될 수는 있어야 한다고 말했다. 신앙의 진리는 이성 앞에서도 한결같아야 한다는 것이다. 이것은 온갖 종교적 광신에 반하는 데다, 새로이 등장한 무신론자들의 천박한 무신론에도 반하는 설명이다. 종교적 광신자는 오직 감정과 체험을 중요시한다. 믿음을 향한 지적 분투는 그들에게 곧 배반이다. 이런 광신적 자세는 온갖 비교秘敎와 미신이 발생하도록 부추긴다. 진자를 이용한 점술부터 피 흘리는 자작나무나 눈물짓는 성모상까지, 종교적 광신은 가능한 모든 비교와 미신을 조장해 왔다. 또한 일신의 행복이 믿음을 대신하는 종교로 사람들을 이끌기도 했다.

마땅히 그리스도인들은 행복해야 하고 믿음은 사람들에게 이로워야 한다. 그렇지만 누군가 내가 행복하면 그게 종교 아니겠냐고 되묻는다면 첫째 계명을 말씀하신 하느님을 이해하지 못한 것이다. 사람들을 구속하고 불안하게 만드는 하느님은 영혼에 독이 되어 사람들을 병들게 한다. 이것이 한 극단이라면 다른 한 극단은 하느님을 과소평가하는 태도다. 하느님을 인생 상담자 정도로 전락시켜서 무력한 존재로 만드는 것이다. 그러면 하느님이 더는 우리를 방해하지도, 그저 대하기 편하기만 해서 우리를 괴롭히지도 않게 된다.

새로이 등장한 무신론자들은 광신자들이 원하는 것과 정반대의 것을 요구한다. 신앙은 논리적으로 철저히 증명될 수 있어야 한다고 목소리를 높인다. 신은 반드시 학문적으로 증명되어야 하는데 그렇지 않으니 존재하지 않는다고 주장한다. 얼마나 지겹게 들어 온 말인가! 무신론은 모든 종교가 직면한 중대한 도전이다. 믿는 이들이 하느님의 존재를 증명하지 못하는데, 믿지 않는다는 이들이 있는 것도 당연한 일이다. 그렇더라도 그들은, 예컨대 리처드 도킨스Richard Dawkins 같은 새로운 무신론자가 아니라 더욱 훌륭한 대변자를 찾을 권리가 있다. 첫째 계명은 독단적이지 않은 하느님을 보여 준다. 멋대로 지어낸 신앙의 광신적 독단도, 깊이 없는 무신론의 이성주의적 독단도 그분의 본질에 어긋난다. 그분은 증명될 수는 없어도 납득될 수는 있는 분이고자 하신다. 세상이 대폭발(Big Bang)로 탄생했다면 무한히 짧았을 그 시초는 과연 누가 가능하게 했을까? 다른 확률이 얼마든지 있는데도 우주 만물이 이렇게 믿어지지 않을 정도로 제대로 기능하는 것은 단지 우연일 뿐일까? 온갖 실패를 거듭하긴 했지만, 세계적으로 인권과 정의와 연대를 위해 싸우는 가장 중요한 운동은 그리스도교다. 그렇다면 있는지 없는지도 모르는 지옥에 대한 공포, 그 이상의 것이 그리스도교에 내재하지 않을까? 신앙이 이토록 많은 사람을 돕고 있는데도 철학자 루드비히 포이어바흐Ludwig Feuerbach의 주장처럼 정말 믿음이란 인간 욕망의 투사에 불과할까?

그럼에도 신앙은 의심할 줄 알아야 한다. 더 나아가 의심은 성숙한 신앙의 일부다. 내가 하소연하는데 하느님은 어찌 그리 침묵하실까? 나는 왜 그분을 알아보지 못할까? 인도 콜카타의 빈민가에서 헌신한 노벨평화상 수상자 마더 테레사Mother Teresa의 일기를 보면 신앙이 더없이 깊은 마더 테레사도 평생 동안 하느님을 찾고자 싸웠고, 하느님과 싸웠다. 이렇듯 살아 숨 쉬는 하느님은 우리가 움켜쥘 수 있는 분이 아니다. 그래서 유다교와 그리스도교의 신앙이 마술을 거부하는 것이다. 마술은 하느님을 움켜쥐고, 그분에게 특정한 길을 강요하며, 자신들이 원하는 대로 조종하려는 시도다. 그러면 사람들은 의심스런 마음을 애써 인내할 필요가 없게 된다. 주술이 통할 것이라고 알고 있는데 무슨 의심이 더 필요할까? 희생 제의나 마술에 기대는 종교는 두려움에 기대는 종교다. 희생과 주술로 천상의 권세를 달래려고 한다. 하는 것이 없으면 받는 것도 없다. 이 얼마나 비인간적 우상인가! 반면에 하느님은 말씀하신다. "내가 너희를 사랑하니 질투도 할 수 있다." 그분의 인성人性은 이토록 매혹적이다.

  우상을 용납하지 않고 질투하는 하느님은 우리를 자유롭게 하신다. 부와 성공이나 대중 스타를 우상화하는 우리를 현대의 우상으로부터 자유롭게 하신다. 우리가 절대시하는 것이라면 모두 다 우상이 될 수 있다. 예전에는 목사나 신부들이 일요일에 열리는 축구 시합을 비판하는 설교를 했다. 스포츠가 우상이라는 것이었다. 하지만 사람들의 생각은 단순했다. 남편이 일요일에 집에만 틀어박혀 귀찮게 하는 것보다는 차라리 축구장에 가는 편이 낫다는 소리였다. 게다가 남편이 애들까지 데리고 갈 수 있다. 그렇지만 인간의 작은 결점을 우상숭배로 비방하는 것이 첫째 계명의 본뜻은 아니다. 그렇다면 편협하고 삶에 적대적인 하느님이 남을 뿐이다. 첫째 계명이 말하고자 하는 바는 그 이상의 것이다.

질투하시는 하느님은 사랑에 빠지신 하느님이다. 그분에게 인간은 아무래도 상관없는 존재가 아니다. 하지만 인간을 사랑하셔서, 바로 이런 이유에서 인간에게 당신을 발견할 자유를 주신다. 첫째 계명의 하느님을 발견한 인간은 스스로 자유로워진다.

둘째 계명

너는 어떤 형상으로도 신상을 만들어서는 안 된다
주 너의 하느님의 이름을 부당하게 불러서는 안 된다

어떤 형상도 만들어서는 안 되고 하느님의 이름을 부당하게 불러서도 안 된다고? 대중매체가 지배하는 사회를 살아가는 사람들에게 둘째 계명은 기이한 계명이다. 사람들은 가까이 있는 것에 대해 형상을 만들기 마련이다. 신앙을 구체화하려 해도 하느님의 형상을 만들어야 한다. 사람들은 그리스도교의 전 역사에 걸쳐 끊임없이 하느님의 형상을 만들어 왔다. 그리스도인이 무슬림처럼 형상 금지 계명을 엄격히 지켰다면 서양 예술은 보잘것없었을 것이다. 이슬람교에는 아름다운 문자 예술과 모스크 건축 예술이 있어서 기막히게 훌륭한 작품들을 남겼다. 그렇지만 그리스도교에서 발전한 것과 같은 종교예술은 없다. 심지어 예언자 무함마드의 얼굴조차 형상으로 드러내서는 안 된다. 물론 그리스도교에서도 형상에 대한 금지가 거듭 제기되었다. 8세기부터 비잔틴제국에서는 형상 논쟁이 수차례 벌어졌다. 동방교회에서는 구약성경의 형상 금지 계명에 전적으로 의지하여 하느님의 영성에 주목했고, 초기 몇 세기 동안에는 형상에 대해 매우 조심스러운 태도를 보였다. 이콘 미술은 6세기가 되어서야 비로소 등장했다. 서방교회에서는 형상을 상대적으로 거리낌 없이 대했고 교육적으로도 활용했다. 중세에는 성화와 성당 유리화가 글 모르는 이들을 위한 성경, 즉 '가난한 이들의 성경'이었다. 훗날 칼뱅교회는 성화와 성상을 악마의 소행으로 여겨서 신자들이 수백 점에 달하는 예술 작품을 파괴해 버리는 일도 있었다.

몇 해 전에 독일 뮌스터의 신학자 요한 밥티스트 메츠 Johann Baptist Metz가 형상 금지 계명에 다시금 주목하며 하느님은 결코 대중매체에 적합하지 않으신 분이라고 지적했다. 더 나아가 텔레비전으로 미사를 중계하는 것을 그만두라고 요구했는데, 언뜻 이러한 요구는 세상 물정 모르는 소리처럼 들리기도 한다. 늙고 병든 이들에게 텔레비전 미사는, 전 세계에 있는 그리스도교 공동체와 주일에 함께 기도를 드리고 잔치를 올릴 수 있는 유일한 기회다. 게다가 시청률도 놀라울 정도로 높다. 하지만 텔레비전 미사는 실재의 모사模寫일 뿐이다. 텔레비전 중계는 미사 자체가 아니라 하느님의 현존에 대한 모호한 관념만을 전할 뿐이다. 메츠는 모사와 실재, 진짜와 가짜를 혼동하면 안 된다는 결론에 도달했다. 이콘 미술 전통은 플라톤의 사상과 관계가 있다. 모상模像에도 얼마간의 원상原象이 지극히 구체적으로 현존한다는 것이다. 실제로 우리는 플라톤의 사상을 통해 둘째 계명의 본뜻을 발견하게 된다.

부모와 교사 세대, 부제와 사제 세대는 하느님의 이름을 부당하게 불러서는 안 된다는 계명을 저주와 욕설을 금한다는 계명으로 받아들였다. 둘째 계명은 하느님을 믿지 않는다고 공공연히 말하는 사람들을 비방하는 데 이용되었고, 심기를 불편하게 만드는 카바레티스트(가무나 재담으로 정치와 시사를 풍자하는 무대예술가_역자 주)나 시인·화가·제작자들의 입에 재갈을 물리는 데도 이용되었다. 하지만 둘째 계명의 본뜻은 완전히 다른 것이다. 인간의 지력으로 헤아릴 수 없는 하느님을 우리 관념의 틀에 끼워 넣어서는 안 된다는 것이다. 또 하느님의 이름을 우리의 견해나 행동을 정당화하는 데 남용해서도 안 되고, 우리가 하느님의 입과 팔이라고 오해해서도 안 된다는 것이다.

욕설이라는 주제에 대해 교회는 지난 30~40년간 조금 더 관대해졌다. 다행스런 일이다. 제 엄지손가락을 망치에 찧거나, 컴퓨터가 말을 듣지 않거나, 막차를 코앞에서 놓쳤을 때 "헤어고트자크라!"Herrgottsakra(독일 바이에른 지역에서 유래한 욕설로 '제기랄'이라는 의미로 통용되지만 직역하면 '주 하느님의 성사'다_역자 주)라고 욕설을 뱉는다고 죄를 짓는 것은 아니다. 이를 악다물고 "아니, 이건 저에게 가혹한 시련입니다"라거나 "주님, 이 고통이 지나가게 하소서"라며 신학적으로 나무랄 데 없이 말하는 법을 배워야 하는 것도 아니다. 욕설을 내뱉고 나면 괴로운 마음이 누그러든다. 욕설은 언어의 일부이고 전통의 자산이다. 게다가 놀라울 정도로 그리스도교적인 자산이기도 하다. 욕설 속에는 하느님과 예수와 마리아에 대한 암시를 비롯해 신앙에 대한 암시가 얼마나 많이 들어 있는지 모른다. 때로는 화살기도와 같이 작용하기도 한다. (물론 꼭 경건한 개념을 써서 욕설할 필요는 없다. "나, 참 더러워서!"라든지 "이런 빌어먹을!"이라고 욕설해도 분이 풀리지 않겠는가? 자신의 이름이 악담으로 쓰였을 때 좋아할 사람은 아무도 없다. 그러니 마찬가지로 하느님께도 정중히 대해 드려야 하지 않겠는가?) 이러한 관점은 상당히 가톨릭적인 입장일 것이다. 개신교의 교파들은 훨씬 더 엄격한 입장이다.

러시아의 한 지역에서 아마추어 축구 리그가 열린 적이 있다. 신앙이 정말 깊은 팀 하나가 참가했는데, 선수들이 욕설하는 것을 허용하지 않을 정도였다. 하지만 슛이 골포스트에 맞았는데도 분한 마음을 크게 내지를 수 없다면 이 얼마나 싱거운 경기인가! 독일 작가 크리스티안 프리드리히 델리우스Christian Friedrich Delius는 『내가 축구 세계 챔피언이 되었던 일요일』*Der Sonntag, an dem ich Fußballweltmeister wurde*이라는 자전적 소설에서 개신교 목사의 아들이었던 자신의 체험을 회상했다. 1954년 델리우스는 아버지의 서재에서 라디오로 독일과 스위스의 축구 결승전 중계방송을 듣고 있었다. 골이 터지자 캐스터가 외쳤다. "토니, 당신은 축구의 신이오!" 그 순간 소년 델리우스의 믿음은, 아버지가 설교하신 구속하고 억압하는 하느님에 대한 믿음은 산산이 부서졌다. 캐스터의 외침은 감격이자 열광이었으며, 어쩌면 순간적으로 튀어나온 '실언'이었다. 그렇지만 목사의 아들 델리우스에게는 그릇된 하느님 상으로부터의 해방을 뜻했다. 그리 보면 캐스터의 외침은 신성모독이 아니었다.

서방교회에서는 신앙과 교회에 대한 풍자가 당연시된다. 덴마크 일간지 「율란츠 포스텐Jyllands Posten에 무함마드에 대한 만평이 실리자 이슬람권에서는 예술의 자유와 종교 사이에 논쟁이 벌어졌다. 오늘날 유럽이라면 상상도 못할 노릇이다. 실제로 존재하는 교회와 그 신자들의 이상한 점을 유머와 풍자로 웃어넘기는 것은 정말로 필요한 일이다. 최고의 카바레티스트들이 독일에서 가장 경건한 지방의 출신이라는 것과 카니발의 풍자 마당이 독일의 가톨릭 지방에서 오랜 전통을 가지고 있다는 것은 우연이 아니다. 교회에 몸담은 사람들이라면 대부분 정말로 재미있는 유머를 알고 있으며, 이러한 유머에 가장 많이 웃는 사람들도 실은 그들이다. 성직자들에 대한 유머는 하고많고, 주교와 신부, 복사에 대한 유머집도 많으며, 하느님의 눈치를 보며 낄낄거리는 유머까지도 있다. 유머는 믿음의 인간적 면모를 잘 알고 있다. 분명 하느님도 함께 웃으시며 말씀하실 것이다. "하느님 맙소사, 그리스도인들은 정말 못 말려." 유머 없는 그리스도교는 기껏해야 우울하고 지루한 종교, 모욕감에 빠져 있는 종교일 것이다. 의미가 좋더라도 단단한 토대가 없고, 따라서 초월성이 없는 설교가 있다. 익살과 유머, 그리고 통렬한 풍자는 이러한 설교보다 속 깊은 신앙을 드러낸다.

1928년 미술가 게오르게 그로츠George Grosz는 방독면을 쓴 그리스도를 그리고 문장을 하나 적어 넣어 작품을 발표했다. "닥치고 복무하라"는 문장이었다. 그로츠는 신을 모독했다는 비난으로부터 자신을 변호하기 위해 1930년까지 3심에 올라야 했다. 원고의 주장과는 달리 하느님을 조롱할 의사가 없었고, 만약 그리스도가 제1차 세계대전에 참호에 있었다면 어떤 일이 일어났을까 상상했을 뿐이라고 그로츠는 말했다. 독일 샬로텐부르크 지방법원은 1심에서 2,000제국마르크를 벌금으로 선고했지만, 2심과 3심에서는 무죄를 선고했다. 많은 성직자와 군인이 분개했다. 오늘날 그리스도인의 대부분은, 당시 그로츠가 보았던 그대로 작품을 이해한다. 예수가, 전선에서 죽음의 공포와 싸우다가 부상당하거나 전사당하는 사람들과 고통을 함께한다는 것이다. 그로츠의 판례는 신성모독에 대한 법률 조항의 한계를 보여 준다. 예컨대 독일 형법 제166조에 따르면 공공의 안녕을 저해할 경우 신성모독은 처벌 대상이 된다. 그런데 문제는 바로 이것이다. 신성모독은 내용상 정의를 내리기가 무척 어렵다. 공공의 안녕을 저해한다는 근거는 무엇인가? 사법권이 개입해야 하는 경우는 언제인가? 그렇다면 그리스도인들이 스스로를 방어하기 위해서는 공공의 평화를 어지럽히며 데모라도 벌여야 하는가? 하느님을 모독한 사람의 얼굴을 그려 넣은 허수아비를 불태우며 살해 협박이라도 해야 하는가? 바로 이런 이유로 신성모독에 대한 규정을 더욱 강화하여, 공공의 안녕을 직접적으로 저해하지 않더라도 신성모독을 처벌하자는 주장이 끊임없이 제기되고 있다.

하지만 무엇이 신성모독이고 무엇이 아닌지 과연 국가가, 과연 입법부와 사법부가 정의를 내려야 할까? 덴마크 일간지에 실린 무함마드 만평 가운데 몇몇은 정말 재미있고, 몇몇은 불쾌했으며, 몇몇은 실제로 종교적 감정을 상하게 했다. 그렇다고 어떤 만평은 불쾌하기는 하지만 모독은 아니라든가, 아무리 재미있더라도 모든 만평은 모독이라고 판결을 내리는 법률을 상상이나 할 수 있을까?

  그럼에도 그리스도인들이 모든 풍자를 묵인해야 하는 것은 아니다. 무엇보다, 종교적 감정을 해친다고 비난받는 풍자의 대부분은 질이 낮다. 예컨대 오래전에 기억에서 사라진 애니메이션 시리즈 「포프타운」Popetown은 성직자들의 상당수가 방영을 금지하고 싶어 했다. 포프타운은 한마디로 헛소리였고 깊이라고는 없는 쓰레기였다. 그렇지만 어느 정신 나간 가족에 대한 이야기 「심슨 가족」(The Simpsons)은 블랙유머가 가득하면서도 나름의 중의적 유머가 있어 포프타운과 천지 차이다. 질 낮은 풍자는 유해하지도 않고 중요하지도 않다. 다만 교회의 반발로 이목을 끌어서, 질 낮은 풍자를 만든 예술가를 그럴듯한 예술가로 만들 수는 있다. 그런데 어떤 영화감독이나 카바레티스트나 예술가는 그리스도인들을 의도적으로 비하하고 경멸하고 조롱해서 돈벌이를 하려고 한다. 그야말로 미적 가치는 개의치 않는다. 행위 예술가 안드레 세라노Andres Serrano는 자신의 오줌에 십자가를 담가 넣어 「오줌 예수」Piss Christ라는 작품을 발표했고, 제프 부르조Jef Bourgeau는 디트로이트 박물관에서 십자가에 못 박힌 그리스도를 콘돔, 배설물과 함께 찍어 낸 사진을 발표했다. 하지만 두 작품은 그로츠의 방독면을 쓴 그리스도와 질적으로 다르다. 두 작품의 주제는 그리스도인들을 겨냥한 것으로 '너희는 똥 같은 작자들이다'라는 의미다. 또한 십자가에 계신 분이 세상의 구원자라는 믿음을 따르는 모든 이에 대한 폄하다. 그래서 하느님에 대한 모독이라기보다는 인간에 대한 모독이다.

하느님은 질 나쁜 풍자나 의도적으로 흠집 내는 예술로 모독할 수 없는 분이다. 하지만 하느님을 믿는 이들은 폄하당한다. 그래서 한계를 명확히 긋는 것은 쉽지 않은 일이다. 바람직한 방법은 공공연히 갈등이 불거지기 전에 교회가 예술가와 터놓고 대화를 나누는 것이다. 어떠한 이유로 그 작품이 외설이라고 생각하는지, 어떠한 이유로 그 연극 장면이 인간을 경멸한다고 판단하는지 설명하는 것이다. 갈등이 일어난 후에야 전시회나 연극 작품을 낱낱이 비난하는 것보다는, 이러한 대화가 의심의 여지 없이 효과적이다. 물론 공개적으로 항의해야 할 때도 있다. 그렇다고 주교가 강론대 위에서 격렬히 비난을 퍼부어야 한다는 것은 아니다. 그보다는 성숙한 그리스도인이 예술가를 찾아가 자신이 어떤 이유로 상처받고 폄하당했다고 느끼는지 설명하는 것이 더욱 큰 영향을 미친다.

하느님은 이런 식으로 모독할 수 있는 분이 아니다. 신앙을 신랄하게 비판하는 무신론이라도 신성모독이 아니다. 인간에게는 자유가 있다. 신앙이 순전히 사기라고 생각할 수도 있고, 하느님이 존재하지 않는다고 믿을 수도 있으며, 그리스도인이 어떤 이상이나 망상을 추종한다고 생각할 수도 있다. 그리스도교의 관점에서 보아도 하느님은 인간에게 자유의지를 주셨다. 하느님의 존재를 의심의 여지 없이 증명하는 이론이란 있을 수 없다. 그러니 하느님이야 없어도 된다며 장담하는 사람들도 언제까지나 있을 것이다. 그리스도인은 이것을 존중해야 한다. 무신론자에게 열등한 인간이라거나, 분명 지옥에 떨어질 인간이라고 말해서는 안 된다. 무신론자를 경멸해서도 안 되고, 정신적으로나 사회적으로 결점이 있다고 비방해서도 안 된다. 마찬가지로 무신론자도 그리스도인을 업신여겨서는 안 된다. 그리스도인을 그저 바보로 여기거나, 타인을 자신에게 종속시키려는 권력 추구자로 여겨서도 안 된다.

무신론도 결국 신앙의 한 태도다. 그리스도인과 무신론자가 서로 대화하고 토론할 때 무엇보다 중요한 것은 신앙의 다양한 태도를 존중하는 자세다.

앞서 말했듯이 정작 하느님을 모독하는 것과 하느님의 이름을 부당하게 부르는 것과 우상을 세우는 것은 따로 있다. 인간의 지력으로 파악할 수 없는 하느님을 파악하려는 것, 하느님을 자신의 틀에 끼워 넣으려는 것, 하느님에게 인간의 관념과 권력욕을 투사하려는 것이다. 파악할 수 없는 하느님은 인간에게 언제나 낯설고 두려운 존재다. 그래서 그리스도교의 역사를 보면 끊임없이 신앙인들은 파악하고 이해할 수 있는 분명한 하느님상을 만들고 싶어 했다. 하느님의 이름을 입에 담는 것조차 온전히 금지한 유다교의 전통은 우리가 생각하기에 너무 엄격할지도 모른다. 하지만 이러한 전통은 하느님에 대한 고정된 표상을 만드는 사람은 결국 곤경에 처한다는 경험에서 비롯된 것이다. 하느님을 소유하려는 행위는 하느님을 경멸하는 행위보다 훨씬 더 위험하다. 중세 십자군 설교자들은 '이것이 하느님의 뜻이다'라고 소리쳤고, 적이었던 무슬림은 '하느님도 위대하시다'라며 받아쳤다. 또한 폴란

드와 러시아를 짓밟은 독일군의 요대 버클에는 '하느님께서 우리와 함께하신다'라는 문장이 각인되어 있었다. 이것은 하느님이 인간의 행위를 정당화해야 한다는 뜻이자, 하느님이 당신의 이름을 입에 담는 인간의 관념에 상응해야 한다는 뜻이다. 곧 하느님께서 인간의 종이 되어야 한다는 뜻이다. 하느님의 이름을 부당하게 부른다는 것은 인간의 지력으로 이해할 수 없는 하느님을 이해할 수 있는 하느님으로 만든다는 것이다. 하느님을 자신의 틀에 끼워 넣는다는 것은 그분을 길들이려 한다는 뜻이며, 그분의 고집과 파악할 수 없는 신비를 빼앗으려 한다는 뜻이다.

자신이 사랑하는 사람이라도 완전히 이해할 수는 없다. 사랑하는 사람을 자신의 표상에 따라 바꾸려 한다면 그 사랑은 끝날 것이다. 마찬가지로 우리를 사랑해서 질투하시는 하느님도, 당신의 현존으로 지극히 인간적이신 하느님도 고정된 틀에 끼워 넣을 수는 없다. 그분을 믿는다면, 그리고 그분과 관계 맺고자 한다면 그분을 있는 그대로 받아들여야 한다. 또한 그분께서 드러내시는 그대로 받아들여야 한다. 하지만 이러한 당위는 그분을 믿는 사람들을 이해의 한계에 다다르게 한다. 하느님은 어찌하여 내 기도를 들어주시지 않을까? 들어주시더라도 어찌하여 내가 바라는 대로가 아닐까? 그분은 어찌하여 나를 피하시는가? 그저 침묵하시는 것일까? 다른 어느 곳에 계시는 것일까? 나름의 하느님상을 만들고 싶어 하는 사람들은 이러한 의문이 불편하기만 하다.

하지만 이것은 사랑의 관계에서도 마찬가지다. 우리는 상대방을 있는 그대로 받아들여야 할 뿐, 내 마음에 드는 사람으로 만들려고 해서는 안 된다. 이른바 하느님의 뜻이라는 것과, 하느님은 이래야 한다거나 이래서는 안 된다는 것은 모두 인간의 투사다. 사람들은 말한다. "악을 허락하는 하느님은 선한 하느님이 아니다." 세상에 고통이 존재하는 이유에 대한 문제는 삶과 믿음에 대한 정말 가장 절박한 물음 가운데 하나다. 하지만 '허락한다'는 말 자체가 이미 인간의 관념을 투사한 것이다. '허락한다'는 말은 인간이 악행을 의도할 때마다 하느님께서 반드시 방해하신다는 것을 전제한다. 하느님이 인간을 바른 길에서 벗어나지 못하게 하시고, 인간에게 아무런 책임도 부여하지 않으신다는 것이다. 하지만 그러면 하느님과 인간 사이의 사랑의 관계가 더 이상 불가능해진다. 사랑에는 자유가 필요하기 때문이다. 하느님께서 사랑하고 사랑받고자 하신다면, 질투하고자 하신다면 인간에게도 자유를 주셔야 한다. 여기에는 잘못이나 악행을 저지를 수 있는 자유도 들어 있다.

하느님의 이름을 부당하게 부르는 행위 가운데 가장 끔찍한 행위는 고문과 살인을 정당화하려고 그분의 이름을 들먹이는 데서 일어난다. '9·11 테러'를 일으킨 자살 테러리스트나 파키스탄과 이스라엘, 이라크, 아프가니스탄의 자살 테러리스트는 단순히 이슬람의 이름만 악용하는 것이 아니다. 그들은 하느님을 모독하고 있다. 하느님을 자신들의 살인 행위를 돕는 종으로 삼으려는 것이다. 무슬림의 대부분은 이것을 강하게 지탄한다. 하지만 이러한 살인 행위를 공공연히 지지하거나 남몰래 공감하며 지켜보는 무슬림도 더러 있는데, 경악할 일이지만 그들은 결코 사라질 기미가 없다. 그렇다고 그리스도인에게는 아무 잘못이 없다는 것이 아니다. 근대에 이르기까지 종교재판소는 아우구스티누스를 곡해하여 자신들의 행위를 정당화했다. 사람들을 억지로라도 구원에 이르게 해야 하고, 사람들을 처벌하고 고문해서라도 이단의 죄악으로부터 보호해야 한다는 것이었다. 사람들의 목숨을 앗아 가서라도 그들의 영혼을 구원해야 한다는 주장이었다. "어떻게 해서라도 들어오게 하라!"(Compelle intrare). 이것이 하느님을 모독하는 근거가 되었다.

교황의 입에서 나오는 말이라면 모두 진리로 여겨야 한다는 것도 하느님을 모독하는 것이다. 가톨릭 안에서는 이러한 시각을 견지하는 집단이 끊이지 않고 있고, 유감스럽지만 가톨릭 밖에서도 가톨릭교회가 이러한 시각을 가르친다고 생각하는 사람들이 상당히 많다. 하지만 이것은 교황의 무류성에 대한 엄청난 오해다. 누군가 베네딕도 16세에게 교황의 입에서 나오는 모든 말이 진리라고 말한다면 교황은 깜짝 놀라 손사래를 칠 것이다. 교황이 예수에 대해 쓴 최근의 책을 보면 그 책이 자신의 개인적인 탐색 작업을 이야기한 것이며 따라서 누구라도 이견을 제시할 수 있다고 밝혔다. 다만 독자에게 당부하는 바는 "먼저 호감이 없으면 이해도 없으니 너그러이 읽어 달라는 것"이었다. 비평가들은 베네딕도 16세를 근본주의자로 비난하곤 하지만, 교황의 당부를 보면 교황이 근본주의와 얼마나 먼 인물인지 알 수 있다. 어떤 종류의 근본주의든 결국에는 하느님에 대한 모독이다. 이슬람교든 유다교든 그리스도교든 마찬가지다. 불신자를 쳐 죽이라고 하느님께서 명령하셨을까? 이스라엘의 국경이 어디까지 뻗을지 하느님께서 정하셨을까? 성경에 있는 모든 말씀이 문자 그대로 진리라고 그분께서 선포하셨을까? 이러한 견해를 고집하며 다른 모든 사람을 불신자라 경멸하는 신앙인이 지고한 존재를 부정하는 무신론자보다 오히려 더 자신의 관념과 목적을 위해 하느님을 소유하려 들기 마련이다.

하느님의 이름을 부당하게 부르는 행위는, 결국 인간의 것을 신격화하고 인간을 하느님의 자리에 앉히는 데라면 어디에서나 일어난다. 1970년대에는 사제들이 과도한 스타 숭배를 수없이 비난했다. 하지만 스타 숭배는 여러 면에서 그저 어리숙한 행동이거나 사춘기의 사소한 갈등에 불과할 뿐이고, 록 음악의 '사탄 숭배'도 대부분 마찬가지다. 다만 어떤 대상에 대한 숭배의 이면에 권력욕이 숨어 있는 경우에는 신성모독이 일어난다. 하느님의 뜻에 맞는 것이 무엇인지, 그리고 하느님의 이름은 어떻게 불러야 마땅한지를 자의적으로 규정해서, 스스로를 다른 사람의 위에 세우고 사람들이 따라야 할 유행과 모범을 꾸며 내는 것이다. 이렇게 다른 사람에게 전체주의적으로 우상을 강요하는 것은, 다른 사람의 삶에 속속들이 개입하려는 욕구다.

그렇지만 인간의 것과 인간의 성취를 신격화하는 행위 가운데 더욱 큰 파장을 일으키는 분야는 자연과학이다. 어떤 연구자들은 말한다. "이리도 많은 일을 능히 해내니 우리는 마치 신과 같습니다. 우리가 판단의 기준으로 삼는 것은 순수한 자연과학입니다." 이러한 주장의 선두에는 연구의 자유를 부르짖는 유전공학자들이 있다. 하지만 자세히 들여다보면, 그들이 하느님인 양 굴면서 모든 윤리적 문제를 회의주의자들의 편협한 견해로 치부한다는 것을 알 수 있다. 이것은 사춘기 아이들이 부모에게 저항하는 일반적 태도와 다르지 않다. "이제 엄마 아빠가 필요 없으니까, 날 좀 내버려 둬요! 혼자서 다 할 수 있다고요!" 이것은 금기를 깨고 싶은 마음, 무한히 자유를 누리고 싶은 마음, 그리고 어쩌면 자신을 속박하고 있을지도 모르는 것을 벗어나고 싶은 마음일 것이다. 하지만 성숙한 태도는 아니다. 어른이 되고 싶은 사람은 이러한 태도를 극복해야 한다. 자연과학, 특히 유전공학은 놀라운 진보를 거듭하고 있다. 그럼에도 창조주를 자처하려는 오만은 위험하기 짝이 없다. 모든 연구의 한계를 망각하게 하기 때문이다. 한국의 줄기세포 연구자 황우석은 수년간 굉장한 성과를 거두며 세상을 놀라게 했다. 하지만 결국에는 사기꾼에다가 거짓말쟁이에 지나지 않는다는 사실이 폭로되었다. 이것은 우연이 아니었다. 황우석 연구팀은 인간 배아 복제와 알츠하이머병 치료를 약속하는 연구 결과를 발표했다. 조작된 연구였다. 연구팀은 돈을 주고 난자를 구매했고 연구비를 횡령했다. 한국에서 황우석은 국가적 영웅으로 대접받았고 흰 가운을 걸친 하느님처럼 행세했다. 이러한 상황에서 실패는 용납되지 않았다. 사기와 거짓말의 상당한 부분은 자기기만이다.

같은 의미에서 물리학자이자 수학자인 스티븐 호킹Stephen Hawking의 연구도 일면 신성모독이다. 호킹은 자연의 모든 현상을 설명하여 신의 존재를 불필요하게 만드는 '모든 것의 이론'(Theory of Everything)을 찾고 있다. 여기서 신성모독이라고 하는 것은 호킹이 불가지론자不可知論者로서 인격적 신의 존재를 부정하기 때문이 아니다. 또한 천재적 연구자로서 사고와 지식의 한계 영역으로 나아가기 때문도 아니다. 이러한 연구 작업을 통해 자신에게 어떤 신적인 것을 부여하기 때문이다. "금세기가 끝날 무렵이면 우리는 신의 계획이 무엇인지 알게 될 것이다"라고 호킹은 예언했다. 그런데 그의 예언은 세계를 정복해서 변화시키겠다고 꿈을 꾸는, 머리만 비상한 열일곱 사춘기 소년의 말처럼 들린다. 소년이라면 그렇게 생각해도 되고, 또 그렇게 생각해야 한다. 하지만 연구자와 학자가 그런다면 종교적 근본주의보다 나을 게 없는 학문적 근본주의가 되는 꼴이다.

'모든 것의 이론'을 찾아 나선 호킹의 노력을 호킹이라는 인물과 분리해서 생각해서는 안 된다. 호킹은 대학 시절부터 루게릭병을 앓고 있고, 당시에 의사들은 한두 해밖에 살지 못한다고 선고했다. 1985년에 기관지 절개 수술을 받은 이후로는 컴퓨터의 도움으로만 의사소통을 할 수 있다. 그럼에도 자신의 지병에 대해 농담까지 한다. 이렇게 병에 걸렸으니 조깅이나 골프에 시간을 낭비할 일이 없다는 것이다. 그러니 말하자면 호킹은 최악의 상황에서

극도의 노력으로 세계가 인정하는 업적을 이루어 낸 인물로, 역사의 한 장章을 쓰고 있다. 자신이 어느 정도 하느님 같다고 느끼는 것도 당연할지 모른다. 이것이 올바른지 아닌지는 전혀 다른 문제다. 하지만 호킹에게 무신론은 삶에 대한 투쟁의 일부다. 우리는 이것을 존중해야 한다. 내가 너무 고통스러워서 안간힘을 다해 싸워야 하는데 하느님은 내게 아무런 대답이 없다면, 이것은 지극히 인간적인 체험이다. 여기에 자만하는 자의 오만이 끼어들어서는 안 된다. 이 또한 하느님의 이름을 부당하게 부르는 것과 다르지 않다.

셋째 계명

안식일/주일을 지켜 거룩하게 하여라

예수 성탄 대축일(12월 25일)부터 이듬해 주님 공현 대축일(1월 6일)까지 우리는 바이에른 지방을 사랑하지 않을 수 없다. 이 기간 동안에는 아무 일도 일어나지 않기 때문이다. 그래서 이 기간을 바이에른 지방에서는 '슈타데 차이트'(stade Zeit), 즉 '고요한 시간'이라고 한다. 사무실은 적막하고 전화기는 침묵하며 기술자들도 이민을 갔는지 눈에 띄지 않는다. 지하철은 빈자리가 많고, 손인형으로 정치극을 올리는 극장도 프로그램을 축소한다. 물론 헤센 지방이나 니더작센 지방에서도 사람들은 남은 휴가를 즐기고, 바이에른 지방이라도 백화점은 여느 때처럼 성난 얼굴을 한 사람들로 가득하다. 성탄절에 받은 선물을 교환하거나 상품권으로 물건을 구입하려는 사람들이다. 하지만 이곳 바이에른 땅에는 무언가 다른 분위기가 있다. 만물이 숨을 죽인다. 숲 속에서 가만히 귀를 기울이는 노루와 같다. 1월 7일이면 다시 일상이 계속되지만, 이 며칠 동안에는 여유롭다. 달리 어쩔 도리도 없다. 가족들끼리 다투기 좋은 때도 이때다. 아니면 아무런 계획이나 목적 없이 행복한 순간을 보낼 수도 있다. 이런 순간이 사람들은 행복하기만 하다. 온갖 계획과 약속으로 초조하게 돌아가는 일상에서 이러한 여유가 귀해진 탓이다.

구약성경을 보면 하느님께서 세상을 창조하시고 이렛날에 쉬셨다고 한다. 그런데 그리스도교의 주일을 유다교의 안식일과 비교하는 일은 어렵기만 하다. 안식일은 유다인들에게 삶의 중심에 있다. 유다인들은 금요일 일몰부터 토요일 일몰까지의 시간을 안식일 계명에 따라 지낸다. 어머니가 안식일 초에 불을 붙이고 축복을 기도하는 순간부터 모든 의도적 행동을 금하는 서른아홉 가지 계명이 적용되기 시작한다. 단지 누군가의 생명이 위험할 때만 예외가 허용된다. 경건한 유다인들은 보온 기구와 타이머를 이용해서 따뜻한 음식을 먹고 전깃불을 사용한다. 직접 불을 켜는 것은 안식일에 금지되어 있기 때문이다. 사람들은 가족과 지내거나 회당에 나가서 기도도 하고 지인도 만나며 산책도 하고 잠도 충분히 잔다. 라삐 전승에 따르면 "안식일은 모든 계명에 필적한다"고 한다. "안식일을 규정대로 지키는 사람은 율법 전체를 존중하는 것이고, 안식일을 모독하는 사람은 율법 전체를 부정하는 것이나 마찬가지다"(Schulchan Aruch).

그리스도교의 주일 계명은, 거룩한 날을 한 주의 여느 날과 다르게 체험하게 만드는 규칙들을 유다교처럼 엄격히 적용하지 않는다. 예수 자신도 안식일 계명을 무시했다. 예수는 안식일에 성전에서 병자를 낫게 했고, 안식일에는 추수가 금지되어 있는데도 제자들이 밀 이삭을 뜯어 먹게 두었다. 이것은 하느님의 아들이 율법보다 높다는 것을 보여 주려는 행동이자(유다인들은 예수를 자신들의 추문 정도로 받아들인다), 안식일이 사람을 위해 있는 것이지 사람이 안식일을 위해 있는 것은 아니라는 것을 보여 주려는 행동이었다(유다교도 안식일을 예나 지금이나 이렇게 보고 있다). 그리스도인들은 안식일 다음 날에 주일을 지낸다. 주일은 예수 부활을 기념하는 잔치다. 이러한 점에서 그리스도교의 주일은 유다교의 안식일과 다르다. 주일은 거룩한 율법과 전례가 아니라, 예수의 죽음과 부활에 대한 기억으로부터 비롯된다. 그럼에도 그리스도교의 주일과 유다교의 안식일은 똑같이 세 가지 요구를 하고 있다. "너희의 시간, 너희 생애에 주의를 기울여라! 주님의 날을 공동으로 보내는 자유로운 날로 지켜라! 그리고 하느님과 이웃을 만나며 이 시간을 거룩하게 지내라!"

자신에게 주어진 시간과 생애에 주의를 기울여야 한다. 산업국가에 사는 사람들에게 오늘날처럼 많은 시간이 주어졌던 적은 한 번도 없었다. 지금 나이가 40세인 사람들은 앞으로도 40년을 더 산다고 기대할 만하다. 통계학자들에 따르면 지금 태어나는 아이들의 절반은 적어도 90세까지 산다고 한다. 영양 섭취가 좋은 현대 유럽인은 자신의 조상인 중세인보다 거의 곱절을 산다. 중세인은 45세가 되면 치아가 죄다 빠져 버렸고, 영양부족이나 체온 저하나 질병으로 죽었다. 곱절이나 길어진 현대인의 생애는 질적으로도 거듭 향상되었다. 1950년대에 50세 남녀를 찍은 사진을 보면 인생살이에 지친 노인들이 있을 뿐이다. 그런데 요즘은 60세가 되어도 사춘기 같고, 70세가 되어도 노년의 성생활을 고민하며, 80세가 되어도 외국 여행을 떠난다. 믿기지 않을 만큼 풍요로운 시대가 시작된 것이다.

하지만 산업화된 사회에서는 모두들 시간 부족이나 시간 상실을 절감하며 살아가기 마련이다. 다만 예외가 있다면 실업자들인데, 그들도 허송세월한 여러 달, 여러 날, 여러 시간 때문에 마음이 무겁기만 하다. 인터넷 서점 아마존에서 검색해 보면, 잃어버린 시간을 되찾는 데 도움이 된다는 책이 300종이 넘는다. 지금 우리가 처한 현실이 미하엘 엔데Michael Ende의 동화 『모모』Momo가 이야기한 상황과 다름없는 것이다. 현대인은 고속 열차와 비행기로 이동하고 노트북이나 스마트폰으로 약속을 정하는 데다가 간편한 냉동식품을 먹으며 시간을 절약한다. 그런데 이렇게 절약한 시간들이 속절없이 사라져 버린다. 아무런 계획 없는 여유를 두는 대신, 시간을 잡아먹는 또 다른 계획을 세우는 탓이다. 요즘은 어디서나 이메일만으로도 업무를 처리할 수 있고, 언제 어디서나 전화를 걸고 문자를 보낼 수도 있다. 물건을 구입하거나 운동과 오락을 즐기는 것도 24시간 내내 가능하다. 현대인의 생활은 더욱 편안해질 수 있다. 집에서 업무를 보거나 일광욕을 하면서 전화를 할 수 있고, 좋아하는 사람들과 짧은 소식을 주고받거나 술 약속을 잡을 수 있다. 하지만 그 대신에 이상한 부류의 사람들이 나타나고 있다. 여러 작업을 동시에 쉬지 않고 처리하는 '멀티태스킹 인간'(multitasking existence)이 등장한 것이다. 그들은 아이를 양육하면서 인터넷으로 인간관계를 형성하고 극장에도 간다. 멀티태스킹 인간은 사회가 인정하는 인재이자 기업이 요구하는 인재다. 예컨대 평일에 쉬게 되면 휴일에 일을 하는 유연한 인재상에 부합하는 사람들인 것이다. (특히 언론인들 중에 이러한 사람들이 많다.)

살아 있는 동안 주어진 빠듯한 시간을 어떻게 이용할 것인가, 즉 시간의 결핍을 어떻게 다룰 것인가 하는 문제는 베네딕도 성인에게도 중요한 문제였다. 베네딕도 성인은 자신이 이끄는 수도자들에게 시간의 안배를 명확히 규정해 주어야 했다. 이것은 시간의 낭비를 죄악으로 여긴 프로테스탄티즘 윤리가 제기한 문제이기도 했다. 갈수록 빠르게 돌아가는 세상에서 사람들에게 주어진 시간의 여유를 어떻게 이용할 것인가 하는 문제는 새로이 제기된 물음이다. 이 같은 주제가 커다란 관심을 끌게 된 시기는 1980년대다. 당시에는 소녀 모모와 시간을 훔치는 회색 신사들이 등장하는 동화 『모모』가 찬사를 받았고, 슈텐 나돌니Sten Nadolny의 소설 『느림의 발견』*Die Entdeckung der Langsamkeit*이 성공을 거두었으며, 사회학자 노르베르트 엘리아스Norbert Elias의 만년작 『시간에 대하여』*Über die Zeit*가 발표되었다. 1990년에는 카를 회르닝Karl H. Hörning과 두 공저자가 『시간의 선구자들』*Zeitpioniere*를 출간하여 많은 주목을 받았다. 여기서 '시간의 선구자들'이란 자신에게 주어진 시간의 여유를 새로운 생활양식의 목적으로 의식하며 성찰하는 사람들이다.

느리게 사는 삶의 선구자들이 불러일으킨 이상은 여러 모로 낭만적이었고, 일종의 대안으로 헐렁한 의복과 상의와 하의가 붙은 작업복을 유행시켰다. 하지만 산업사회에서는 시간의 여유도 결국 돈으로 살 수밖에 없다는 사실이 분명해지자 유행은 곧 사라졌다. 그럼에도 시간을 어떻게 다룰 것인가 하는 문제는 사람들이 앞으로 반드시 직면할 주제다. 갈수록 빠르게 돌아가는 세상이 계속될 것이고, 자신에게 주어진 생애를 '멀티태스킹 인간'으로 살아야 한다는 압박이 개인을 더욱 짓누를 것이다. 최근 들어 흥미로운 점은 가속화된 사회의 함정을 언급하는 사람들이 다름 아닌 경제학자들이라는 것이다. 예컨대 컴퓨터나 소프트웨어 분야 종사자들이 이러한 함정에 빠질 위험이 있다. 경제학자들은 전화 통화나 이메일이나 인터넷 검색으로 업무를 처리하지 못하고 계속해서 중단할 때 발생하는 손실을 산출하고 있다. 하지만 어떤 분야의 종사자라도 똑같은 함정에 빠질 수 있다.

시간을 어떻게 다룰 것인가? 이것은 하느님께서 주신 셋째 계명의 주제이기도 하다. 성경에 따르면 시간이라는 것은 하느님의 손에 달려 있다. 하느님은 시간에 리듬을 부여하시고, 인간에게 휴식을 규정하시며, 자신에게 주어진 생애가 얼마나 소중한지 일깨우신다. 인간의 생애는 '멀티태스킹 인간'을 좇으며 살아가기에는 더없이 소중하다. 공동으로 보내는 자유로운 시간이 상실되는 세태를 우리는 흔히 개인의 윤리 문제로 치부한다. 그저 자유로운 시간을 가지라거나, 그리 서두르지 말라며 조언하는 것이다. 그렇지만 '고요한 시간', 즉 눈앞의 목적이나 의도 없이 자유로운 시간을 보호하고 마련하는 것은 정치적 과제이기도 하다. 반드시 신앙인이어야 휴일로 지정된 그리스도교 축일의 가치를 인정하는 것은 아니다. 지난날 '낭만주의자'여야 시간제 근무나 안식년을 지원하는 정책을 옳다고 생각하는 것도 아니다. 안식일 계명은 단순히 휴식을 취하라거나, 숨을 돌리라거나, 조깅이나 수영을 하라는 계명이 아니다. 셋째 계명의 본뜻은 개인으로 보내는 자유로운 시간을 넘어, 집단이나 공동체로 보내는 자유로운 시간에 있다. 다른 사람들과 함께하는 자유로운 시간은 사회를 결속시킨다. 이러한 시간은 문화와 종교가 생성되는 바탕이자, 공동체가 존립하는 근거다.

따라서 주일을 지키라는 계명은 한 걸음 더 나아가, 공동으로 보내는 자유로운 시간을 지키고 보호하라는 계명이다. 시간의 상실은 무엇보다 공동으로 보내는 시간의 상실을 의미하기 때문이다. 예컨대 주일에 일하고 수요일에는 쉬는 사람들은 자유로운 시간을 혼자 보낸다. 교대 근무로 일하는 사람들은 이러한 근무 형태가 얼마나 스트레스를 유발하는지, 부부 관계와 친구 관계에 얼마나 해악을 끼치는지 잘 알고 있다. 여러 가지 일에 한꺼번에 종사하는 사람들은 복잡한 일정 탓에 다른 사람과 어울릴 기회가 갈수록 드물어져서, 함께 보내는 시간은 줄어들고 혼자 보내는 시간은 늘어난다. 공동으로 보내는 자유로운 시간에 사람들은 오랜 세월 구속되어 왔다. 너무나 지루했던 주일과 성당에 갈 때면 입어야 했던 거친 모직 바지가 기억난다. 하지만 이제는 공동으로 보낼 수 있는 공간이 지나치게 사라져서 진공 상태처럼 느껴질 정도다.

공동의 공간은 상실되고 있다. 2006년 여름부터 독일 연방 16개 주는 자치적으로 상점의 영업시간을 규제할 수 있게 되었고, 이후로 독일 전역에서는 개점이 허용되는 주일의 수가 증가했다. 그중에서 가장 앞서는 곳은 베를린이다. 소매업은 대림절 기간에 있는 네 번의 주일을 포함하여 연중 10일의 주일에 13시부터 20시까지 영업을 할 수 있고, 빵집과 꽃집과 벼룩시장은 성탄절과 부활절과 오순절에도 영업을 할 수 있다. 소매업 협동조합도 이 정도로 많은 주일을 개점하고자 요구하지는 않았다. 어찌 되었든 영업시간 자유화로 이익을 보는 쪽은 대형 백화점일 뿐이고, 소매업자들은 더욱 뒷전으로 밀려나는 실정이다. 독일 개신교와 가톨릭의 일부 교구는 칼스루에 연방헌법재판소에 헌법소원을 제기했다. 새로운 법률이 헌법에 명시되어 있는 주일 보호 조항을 침해한다고 보았기 때문이다. 이것은 정당한 대응이었다. 잃어버린 양들을 교회로 되몰려는 눈물겨운 노력도 아니었고, 1990년대까지도 지나치게 경직되어 있던 독일의 '상점영업시간 제한법'을 되찾으려는 시도도 아니었다. 일에서 자유로운 주일이 사라지면, 그리스도인이든 아니든 누구에게나 존재하는 자산도 사라질 위험이 있기에 헌법소원을 제기한 것이다. 여기서 두 교회는 전체 사회의 변호인으로서 법정에 나섰다.

일찍이 321년에 황제 콘스탄티누스 1세Constantinus I는 주일을 일하지 않는 날로 정했다. 노예와 하인들이 미사에 참석할 수 있고, 또 일주일에 하루라도 인간의 존귀함을 누릴 수 있게 하기 위해서였다. 이후로 그리스도교권에서 주일은 일하지 않는 날이다. 독일 기본법에는 주일이 "노동을 멈추고 영혼을 회복하는 날"이라고 명시되어 있지만, 오늘날 사람들을 주일을 그렇게 보내지 않는다. 의사와 간호사, 소방관과 경찰관, 목사와 사제 그리고 언론인은 언제나 주일에도 일해 왔다. 이것은 불가피한 일이기도 하다. 주일이 사람을 위해 있는 것이지, 사람이 주일을 위해 있는 것은 아니기 때문이다. 그런데 요즘은 원하기만 하면 주일 아침에도 갓 구운 빵을 살 수 있고, 저녁 늦게라도 주유소에 딸린 가게에서 감자칩과 맥주를 살 수 있다. 자유로운 주일을 망치는 것은 상인들만이 아니다. 주일에 물건을 구입하려는 고객들도 마찬가지다. 그들은 금요일에는 아무 생각 없이 지내다가, 누군가 자신을 위해 24시간 봉사할 것이라 여기고, 주일 쇼핑을 주말을 즐기는 방법의 하나로 생각한다. 하지만 주일 개점이 일반화된다면 주일의 모습이 완전히 달라질 것이다. 규칙이 아니었던 것이 규칙이 되고, 사회의 기본 리듬은 흐트러질 것이다. 모든 상점이 주일에도 문을 연다면 처음에는 소비자에게 이로운 일로 보일지도 모른다. 하지만 그것도 잠시다. 주일에 물건을 사러 갔던 사람이 주일에 일을 해야 하는 날이 올 것이다. 주일에도 상점들의 문이 열리기 시작하면 주일의 상업화를 막을 수 없을 것이다.

  주일은 한 주의 여느 날과 다르다. 주일은 삶이 완전히 경제화되거나 목적화되는 것에 대한 저항이다. 하지만 만약 주일이 물건을 사거나 일하는 날이 된다면 주일만의 다른 점, 즉 저항의 속성을 상실할 것이다. 또한 노동과 휴식의 관계와 생산과 사색의 관계도 상실될 것이다. 한 주를 내내 일하게 된다면, 우리는 어떤 특별한 체험을 극적으로 상실할 것이다. 주일과 그리스도교 축일은 현대 사회에 남겨진 거룩함의 흔적이기 때문이다. 아마도 그렇게 느끼고 있는 사람은 많지 않을 것이다. 그럼에도 그 흔적은 분명히 존재한다. 이제는 그리스도인들도 주일을 영혼이 고양되는 날로 생각하지 않는다. 그저 휴식하는 날로 치부해서 미사나 예배를 빼먹기 일쑤다. 그렇다고 거룩함이 삶으로 들어오는 날인 주일이 여느 날과 같아지는 것은 아니다. 또한 그렇기 때문에 베를린의 '상점영업시간제한법'에 대해 가톨릭과 개신교가 제기한 헌법소원은 그리스도교적 근본주의가 아니라 공동체 정신에서 비롯된 행위다.

주일을 지켜 거룩하게 하라는 계명이 없으면 인간은 망가질 것이다. 휴일인 주일에 일을 하면 더 비싼 임금을 받을 수 있기는 하다. 그렇지만 셋째 계명은 좋은 의미에서 인간을 단련시키기도 한다. 24시간 상관없이 물건을 사려는 사람은 주일이나 다른 사람들에 대해 개의치 않아도 된다. 다른 사람들은 그저 언제든 일해도 된다고 여기면 그뿐이다. 그렇지만 주일의 가치를 지키려는 사람은 저녁 10시에는 슈퍼마켓에서 마실 물을 손쉽게 살 수 없다는 사실과, 정해진 영업시간에 물건을 사는 습관을 들이든가, 아니면 비싼 값으로 주유소나 간이매점이나 호텔을 이용해야 한다는 사실을 분명히 알아야 한다. 우리는 내가 하고 싶은 대로만 살 수는 없다. 이것이 셋째 계명의 이면에 있는 기본 입장이다. 내 뜻대로만 살 수는 없는 노릇이다.

주일은 거룩함이 일상을 멈추게 하는 날이므로, 결국 셋째 계명은 주일에는 하느님께 삶의 한 자리를 내어 드리라는 계명이기도 하다. 유다교에서 안식일은 하느님께서 세상을 창조하시고 쉬신 날이자, 하느님께서 이스라엘 백성을 이집트 종살이에서 해방하신 것을 되새기는 날이다. 그리스도교에서 주일은 예수의 부활을 기억하는 날이다. 신자들이 함께 모여 성찬례를 올린다. 그러므로 그리스도인들이 주일에 교회에 가는 목적은 일차적으로 기도가 아니다. 기도는 다른 날 다른 곳에서도 바칠 수 있다. 숲이든 사무실이든, 자동차든 지하실이든 무관하다. 그리스도인들이 주일에 공동체와 함께 바치는 것은 바로 믿음의 잔치다. 지난 수십 년간 예배나 미사에 참석하는 사람들이 급격하게 감소했다. 1960년대에는 가톨릭 신자의 40% 이상이 주일미사에 참석했지만, 현재는 평균 15%밖에 되지 않으며, 10%에도 미치지 못하는 본당이 많다. 주민의 대부분이 가톨릭 신자인 지역에서도 본당 신자의 30%가 주일을 지키면 사제가 자랑스러워할 일이다.

그런데 요즘은 놀라운 움직임이 일어나고 있다. 교육 수준이 높고 독립적인 사람들이, 수년간 교회를 등지진 않았지만 거리를 두었던 사람들이 갑자기 주일에 성당과 교회에 나오기 시작한 것이다. 그들은 주일이 다른 사람들과 함께하는 휴일 그 이상의 것이라는 사실과, 주일이 인간의 영혼을 고양하고, 이로써 인간을 아주 특별하게 존재하게 한다는 사실을 깨달았다. 게다가 다름 아닌 젊은이들이 기도 속에서 친교를 찾고 있다. 예컨대 상트 오틸리엔 수도원은 매월 첫 금요일에 청소년을 위한 저녁기도회를 여는데, 수도자들이 홍보하지 않아도 규칙적으로 참석하는 청소년이 천 명이 넘는다. 이곳에서 무엇인가 특별한 것이 일어나고 있다는 소문이 오버바이에른 전역에 퍼져서, 이것을 체험하려는 청소년들이 먼 곳에서도 찾아오고 있다. 기성세대가 생각하는 것보다 (때로는 생각하고 싶어 하는 것보다) 청소년과 젊은이들은 신앙에 대해 많은 관심을 갖고 있다.

신자들은 예배와 미사가 진행되는 시간을 맛본다. 일상에서 벗어난 것, 아무런 목적이 없는 것을 행하며 자신에게 온전히 머물고 공동체와 함께 잔치를 올린다. 찬송하는 것, 기도하는 것, 무릎을 꿇는 것, 그리고 사제가 감사기도를 바칠 때 귀 기울이는 것 등은 시간이나 경제적인 관점에서 보면 그저 낭비에 불과하다. 그렇지만 이것은 인간의 삶을 사랑할 만하게 만드는 낭비다. 한 시간의 미사는, 곧 내가 아직 해결하지 못하고 있는 모든 문제를 끝낸다는 것을 뜻한다. 나를 괴롭히는 문제를 억압하는 것이 아니라, 이제 멈추는 것이다. 지금은 하느님이 더 중요한 시간이다. 신자들은 하느님께 마음속 괴로움을 털어놓을 수 있고, 때로는, 하느님 앞에 자신의 괴로움을 가져갈 수 있다는 것만으로도 두려움이 어느 정도 사라진다. 하느님을 위해 바치는 시간은, 무엇보다 미사에 참석한 자신을 위한 시간이다. 미사는 미사를 드리는 사람에게 더 깊은 실존으로 들어가는 문을 열어 준다. 이를 위해 수고스런 절차가 많은 미사를 올릴 필요는 없다. 신자들의 전구(轉求)를 종이에 써서 마른 가지에 끼워 넣는 미사도 필요 없고, 쓸데없는 형식이 많은 라틴어 미사도 필요 없다. 미사에 온 사람들은 그저 그 자리에 앉아 마음을 열고, 안식을 찾으며, 다른 신자들과 일치를 체험하고, 또 하느님을 체험하고 싶을 따름이다.

그러므로 모든 교회와, 사제와 목사와, 사목자들에게 셋째 계명이 이르는 바는 바로 "미사와 예배를 바로잡으라!"는 것이다. 미사를 드릴 때는 어떤 특별한 것이 일어나고 있다는 사실을 느낄 수 있어야 한다. 다행히도 오늘날은 미사가 40년 전보다 부드러워졌다. 그렇다고 너무 편해지는 것도 좋지는 않다. 신자들이 바라는 것은 거룩함을 체험하는 것이지, 친구들을 만나는 것이 아니다. 미사의 형식과 엄숙함과 섬세함에 주의를 기울이는 것은 신자들에게 그들 고유의 존귀함을 느끼게 하는 것을 뜻하기도 한다.

하지만 성의 없이 성가를 골라 감정 없이 오르간 반주를 하는 경우가 비일비재하고, 사제들은 머리로만 잠깐 생각해 둔 내용을 대충대충 정리해서 강론을 한다. 미사가 거룩한 사건이며, 따라서 의식적 몸짓과 자신만의 언어와 자신만의 자세 등 세심한 준비가 필요하다는 사실을 그들은 깨닫지 못하고 있다. 하지만 다른 한편으로는 전례 의식과 미적 감각을 지나치게 강조하는 것도 바람직하지 않다. 이른바 트렌토 공의회 미사라고 하는 옛 전례 양식을 지지하는 사람들은 그러한 경향을 보이는 것 같다. 그렇지만 미사는 아무도 이해하지 못할 라틴어로 된 비밀스런 주문이 아니다. 실제로 '주문'(Hokuspokus)이라는 단어는 '이는 내 몸이다'(Hoc est enim corpus meum)라는 라틴어 문장을 착각한 데서 유래한다.

미사는 열려 있어야 하고, 사람들을 불러들여야 하며, 모두가 이해할 수 있어야 한다. 트렌토 공의회 미사는 잔치를 올리는 공동체의 친교적 속성을 충분히 표현해 주지 못한다. 옛 미사가 복원되기를 바라는 사람들은 개인주의로 후퇴하기를 원하는 모양이다. 하지만 아무런 방해도 받지 않는 것이 미사의 목표는 아니다. 성당 안에서 악수하면 안 된다며 평화의 인사를 나누지 않는 것은 전혀 그리스도교적이지 않은 행위다.

주일을 지켜 거룩하게 하라는 계명은, 하느님에 대한 세 가지 계명 중에 가장 인간적인 계명으로 이러한 의미다. "나는 너의 주 하느님이다. 나는 너에게 일상을 멈추고 거룩한 날을 지키라 명한다. 네 생애가 얼마나 소중한지 깨닫고, 네 삶에 리듬을 찾기 위함이다. 나는 너에게 거룩한 날을 지키라 명한다. 너의 삶이 일과 돈으로만 이루어지지 않도록 하기 위함이고, 눈앞의 이득과 무관한 시간을 사랑하는 사람들과 함께 보내도록 하기 위함이다. 또한 나는 너에게 거룩한 날을 지키라 명한다. 그리하여 네가 하느님을 위한 시간과 믿음의 공동체를 위한 시간을 보내도록 하기 위함이며, 미사 중에, 하느님과의 만남 중에 너 자신에게 다가가도록 하기 위함이다."

흔히 우리는 계명을 억누르고 구속하는 것으로 여기지만, 실은 인간의 존귀함을 보호하는 것이다. 첫째와 둘째 계명처럼 셋째 계명도 하느님께서 인간과 맺으시는 사랑의 역사를 설명하고 있다. 질투하는 하느님, 파악할 수 없는 하느님께서는 우리에게 하느님의 시간을 선사하신다. 그리하여 우리는 인간다운 인간이 되어 인간다운 인간으로 살아간다.

넷째 계명

아버지와 어머니를 공경하여라

"아버지와 어머니를 공경하여라!"라는 넷째 계명은, 이스라엘 민족의 공동체 생활을 규정하는 첫 번째 사회적 규명으로, 폭력으로 점철된 역사를 간직하고 있다. 넷째 계명은 자식은 부모에게, 젊은이는 늙은이에게 복종하게 만들었다. 넷째 계명의 이름으로 어른들은 아이들을 구속하고 매질하고 조종했다. 어미 아비가 어떤 꼴을 보이더라도 자식은 늘 감사하고 공경해야 한다고 가르쳤다. 그런데 넷째 계명은 본디 다 큰 자식에게 부여된 것이다. "훗날 편히 지내려면 늙은 부모를 공경하고 봉양하라. 너희도 자식들에게 그리될 날이 올 것이다"라는 의미다.

넷째 계명은 세대 간에 맺어진 계약으로 공동체에서 노인을 부양하는 제도를 규정한다. 부모가 자식을 키웠으니 자식도 부모가 늙으면 보살펴야 한다는 것이다. 그래서 자식이 없다는 것은 종교적 문제일 뿐 아니라 경제적 문제이기도 했다. 연금이나 적금 같은 제도가 없던 시대에는 자식도 없이 늙게 되면 궁핍해지기 마련이었다. 그러다 언젠가는 그저 목숨만 부지하는 신세가 되었다. 세대 간 계약이 깨지면 자식 없는 노인들은 대부분 일찍이 비참한 죽음을 맞이하게 되었다. 한 사회가 가난할수록, 대가족제도에 의존할수록 이러한 현상은 두드러진다.

오늘날 아프리카와 아시아, 남아메리카를 보아도 그렇다. 이런 지역에서 비참한 일들이 벌어지는 원인은 소위 제3세계의 대도시 빈민가에서 대가족이 와해되고 있는 탓이다. 제3세계 빈민가의 대가족은 도덕적 당위와 종교적 믿음에 기초한 연대 의식으로 조직되어 있다. 부유한 산업국가에서는 공적으로나 사적으로 노후 대책이 다양하게 마련되어서 넷째 계명의 경제적 의미가 거의 무색해졌다. 연금보험, 간병보험, 기업연금, 은행예금, 주식형 펀드 등 독일에서 노인들이 오늘날처럼 많은 돈을 소유한 적은 한 번도 없었다. 기력이 쇠하고 병이 든 노인에게는 간병 서비스가 제공되고 양로원이나 병원에 들어갈 수도 있다. 노인 복지의 허점을 비판하는 소리가 많다. 정당한 비판이다. 그럼에도 독일 노인들이 일반적으로 바르게 부양되는 것도 사실이다.

그 결과 노동력을 상실한 부모를 자식이 돌봐야 한다는 경제적 계명이 부모와 자식, 늙은이와 젊은이가 서로의 고유성을 존중해야 한다는 사회적 계명이 되었다. 이것은 가정을 삶의 자리로 받아들여 굳건히 지키라는 계명으로 세 가지 지향과 한 가지 약속을 제시한다. 첫째 지향은 부모가 자식에게 존중과 공경을 받게끔 살아야 하는 것이다. 둘째는 장성한 자식이 연로한 부모를 영적으로 빈곤하게 살아가지 않게 하고, 부모의 결점을 존중하고 잘못을 용서하는 것이다. 셋째는 한 걸음 더 나아가 젊음에 광분하는 세태에 저항하는 것이다. 마지막으로 넷째 계명은 이렇게 약속한다. "늙는 것을 걱정하지 않아도 된다. 언제까지나 젊고 건강하고 매력적이어야 하는 것은 아니다. 너희에게 있는 약점과 결점을, 매일같이 마주치는 부족하기만 한 구석을 인정하라. 조금씩 너희 삶을 놓아주어라. 아무 염려하지 말고 이 세상을 다른 이들 손에 맡겨도 된다."

  넷째 계명은 먼저 부모에게 부여된 계명이다. 자식들에게 부디 순종하라고 요구하는 것보다 더 큰 의미가 있다. 넷째 계명은 이른다. "자식들이 너희를 공경하고 존중할 수 있도록 처신하라. 평생 변치 않을 관계를 맺어라. 자식들에게 잊히지 않는 부모가 되도록 노력하고, 자식들이 너희를 떠올릴 때마다 애정과 온정을 느끼도록 배려하라. 자식들이 나쁜 점수를 받아 오면 두 팔로 안아 주는 부모가 되라. 자식들을 무시하거나 무섭게 대하지 마라. 단지 무서워서 순종하는 자식들은 부모를 공경하지 못하게 된다." 부모 자식보다 가까운 관계는 없다. 자식은 부모를 신뢰할 수밖에 없다. 다른 도리가 없다. 부모는 자식에게 자신의 행동으로, 즉 사랑이나 무관심으로, 확신이나 근심으로 영향을 미친다. 그리고 자식은 부모가 부부로서 살아가는 모습과 다른 사람들과 교우하고 갈등하고 화해하는 모습을 보고 영향을 받는다. 자식은 죽을 때까지 부모의 행동을 되새긴다. 자식에게 공경과 존경을 바란다면 자식이 공경하고 존경할 수 있게 살아야 한다.

제 어미 아비가 누군지 알고자 하는 갈망은 끝이 없다. 입양아는 언젠가 생부모를 찾아 나서기 마련이다. 세계 어디라도 상관하지 않는다. 정자 기증으로 태어난 사람은 자신에게 유전자를 물려준 이가 누구인지 알아내려고 온갖 수단을 동원한다. 제2차 세계대전이 끝나고 점령군과 독일 여성 사이에서도 아이들이 태어났다. 그들 중 많은 이가 친아버지가 누구인지 알고 싶어 했다. 그들은 아버지와 만나 이야기를 나누고 나서야 영혼의 평화를 찾았다. 세월이 50~60년 지난 후에도 마찬가지였다. 제 정체성을 찾고자 하는 사람은 제 뿌리를 알아야 한다.

그래서 서로 다른 핏줄이 모여 가족을 이룬, 이른바 '조각보 가족'(Patchwork Family)에서 아버지와 어머니를 공경하기란 결코 쉽지 않은 일이다. 아버지에게도 새 배우자가 생겼고 어머니에게도 생겼다. 이제는 새어머니나 새아버지와 한집에서 살아야 한다. 그렇다면 누가 아버지이고 누가 어머니인가? 아이들은 누구를 공경해야 하는가? 지금 함께 살고 있는 새아버지인가, 아니면 더없이 상냥한 배우자와 새로운 가정을 꾸려서 주말이나 방학에나 만나는 친아버지인가? 그도 아니면 어떻게든 둘 다 똑같이 공경해야 하는가? 조각보처럼 얽힌 관계로 한동안 슬픔과 갈등을 경험하지만, 결국에는 적응하여 더욱 충만한 삶을 체험하게 되는 가족이 없는 것은 아니다. 하지만 실상은 복잡하고 불안정한 관계로 오랫동안 힘들어하는 아이들이 많다는 것이다. 이것이 앞으로 아이들의 삶과 대인 관계 능력에 어떤 영향을 미칠지는 아직 아무도 모른다. 두세 세대가 지난 후에야 알게 될 것이다.

물론 오늘날의 소가족제도는 19세기 후반에 출현해 1950~60년대에 완성된 발전 과정의 산물로, 이전에는 부모가 자식들을 최소한으로 돌보던 대가족제도가 있었다. 그래도 당시에는 다양한 대상과 어떻게 관계를 맺어야 하는지가 분명했다. 아이들은 좋을 때나 나쁠 때나 아버지와 어머니가 어떤 역할을 하고 할아버지와 할머니, 이모와 고모, 그리고 자신의 형제자매가 어떤 역할을 하는지 잘 알고 있었다. 비극은 이혼 후에 아버지가 아이들의 소식을 더는 듣고 싶어 하지 않거나, 어머니가 질투심에 전남편과 아이들이 만나지 못하게 가로막을 때 시작된다. 어머니가 아버지를 헐뜯고 아버지가 어머니를 욕하는 마당에 누가 누구를 공경할 수 있겠는가? 또한 아이들이 새아버지나 새어머니를 받아들이지 못할 때는 어떻겠는가? 우리는 이 모든 관계가 별다른 영향을 미치지 못한다고 속단하곤 한다. 하지만 아이들에게는 아버지와 어머니가 필요하다. 물론 여기에도 예외가 있을 수 있고, 예외는 언제나 있었다. 요즘에는 많은 문제가 구조적으로 쉽게 해결될 수 있다. 이혼 자녀라고 단순히 문제아가 되는 것도 아니다. 대부분은 깊은 상처에도 바르게 자란다. 그렇지만 우리는 이제야 인식하게 되었다. 남자 아이들은 아버지의 부재를 힘겨워한다. 아이를 혼자서 키우는 어머니들도 지금은 이것을 알고 아이가 긍정적인 남성 역할을 경험하도록 배려한다. 그렇더라도 온전히 아버지를 대신할 수는 없다.

어린이집이나 유치원이나 학교가 부모의 역할을 일부는 넘겨받을 수 있다. 최근 들어 교육학자들은 어린이집과 유치원이 아이들에게 긍정적이라고 말한다. 다른 아이들과 교제하고 집단에 적응하고 규칙을 준수하는 법을 좋은 시설에서 배운다는 것이다. 그래서 가톨릭교회는 그 어떤 기관보다 많은 어린이집과 유치원을 운영한다. 그럼에도 이러한 시설과 학교가 부모를 대신할 수는 없으며 부모가 소홀히 한 부분을 만회할 수도 없다. 아이들은 누가 자신에게 가장 중요한 대상인지, 어떤 관계가 자신의 삶에서 가장 중요한지 알고 싶어 한다. 게다가 아이들은 부모가 자신들을 유치원이나 학교에 떠맡기는 것인지, 아니면 부족한 것을 더 배우게 하려는 것인지 예민하게 알아차린다. 문제가 많은 지역의 학교를 다니는 아이들은 교육적으로 아무리 훌륭하게 보살핀다 해도 가정에서 손상된 것을 회복하지는 못한다. 인간의 가치를 체험하고 배울 수 있는 본연의 장은 바로 가정이다.

자식을 키우되, 훗날 당신이 공경받을 수 있게 키워야 한다! 아이들을 어디에 떠넘기지 말고, 온 마음을 다해 어미 아비가 되어 주며, 몸과 마음의 안식처를 마련해 주라는 뜻이다. 하지만 다른 한편으로는 아이들을 자유로이 놓아주는 법을 배우고, 구속하지 않으며, 자신의 좌절된 꿈을 투사하는 대상으로 삼지 말라는 뜻이기도 하다. 과잉 요구나 무관심 탓에 아이들을 무시하는 부모를 우리는 빈번히 목격한다. 자식들과 관계가 원만하지 않은 부모와 양육 문제로 외부의 도움이 필요한 부모, 자신의 삶마저 제대로 꾸리지 못해 평생 동안 도움이 필요한 부모가 증가하는 현실도 목격한다. 반면에 자식을 과잉보호하는 부모와 인생의 온갖 풍파에서 보호하려는 부모, 자신의 명예욕이나 실패에 대한 두려움을 투사하려는 부모도 늘어났다. 이 모든 태도가 자식들에게는 해가 될 뿐이다.

자식을 신뢰하지 않는 부모들이 있다. 자신이 유치원을 잘못 선택해서 자식이 인생에서 수많은 기회를 빼앗기지 않을까 불안해하는 부모, 자식을 밖에 내보내지 않는 부모, 나쁜 성적을 받아 오면 하늘이 무너지는 줄 아는 부모들도 있다. 넷째 계명은 이런 부모들에게도 주어진 것이다. 자식을 완벽한 아이로 만들려는 부모도 예외는 아니다. 제 자식에게 인생 목표를 억지로 주입시키는 부모를 어찌 공경할 수 있겠는가? "내가 이리 자란 것은 온전한 내 자유의지가 아니라, 어머니 아버지가 이리 되길 원했고, 또 이리 만들어 버렸기 때문이에요"라고 말하는 게 고작일 것이다. 인공수정으로 특정한 유전 형질을 선택한다면 우리에게는 끔찍한 일이 벌어질 것이다. 건강하고 활기차며 지능이 높고 외모가 번듯하지 않으면, 이러한 기준에 부합하지 못하면, 인간 배아는 살해될 것이다. 부모가 나를 있는 그대로 받아들이지 않고 기계처럼 조립했다는 사실을 알게 되었을 때 그 누가 부모를 사랑하고 공경할 수 있겠는가? 내가 훌륭한 음악가나 운동선수가 된 것이 내 본성으로부터 비롯된 것이 아니라, 부모가 특정한 유전자를 이식한 결과라니 상상만 해도 끔찍하다.

또한 넷째 계명은 부모가 자식에게 너무 많은 것을 기대해서는 안 된다고 경고한다. 과잉 기대는 흔히 불안과 우울을 초래한다. 아이들이 계획했던 것과는 다른 모습으로 자라면 세상이 끝나기라도 하는 것처럼 낙담하는 부모들이 많다. 하지만 시인이 되고 싶어 하는 아이가 건축가가 되어야 하는 까닭은 무엇인가? 반대로, 건축가가 되고 싶어 하는 아이가 시인이 되어야 하는 까닭은 또 무엇인가? 단지 부모가 바란다는 이유로 반드시 대입 시험을 치러야 하는가? 아버지가 소목장이라면 아들도 가업을 이어받아 소목장이 되어야 하는가?

넷째 계명은 너무 조급해하지 말라는 호소이자 부모에 대한 격려이기도 하다. 자식들은 부모가 세상을 살아가며 모든 것을 바르게 행하지는 않더라도, 심지어는 부모가 완벽하지 않다는 사실을 깨달은 바로 그때에 부모를 공경하고 존중하고 사랑하려고 노력하게 된다. 자식들은 어른이 되기 마련이다. 부모로부터 독립하려고 애쓰게 될 것이다. 자식들에게는 자신의 길을 찾아갈 권리가 있고, 또 그 길을 찾아낼 것이다. 자식들에게 신뢰와 온정과 애정을 진정으로 얼마나 베풀었는지 모르겠는데, 자식들이 제 인생을 충실히 꾸려 갈 수 있을지 막막한데 자식을 자유로이 놓아주는 것은 모든 부모에게 어려운 과업이다. 그래도 놓아주어야만 부모에게 의존하여 어른이 되지 못했던 자식이 부모의 동반자가 된다. 남은 인생 동안 부모는 자식에게 마음의 고향이자 동등한 상대자, 조언자로 남는다. 그러면 부모와 자식의 관계가 소크라테스와 제자들의 관계처럼 변화한다. 소크라테스는 제자들에게 스승이자 친구였다. 제자들에게 많은 것을 배웠다. 가르침을 주기도 했지만 받기도 했다. 자신에게 의탁한 제자들이 재능을 발휘하도록 도와주었다. 의존적 관계가 자유로운 우정, 평생의 우정이 될 때, 자식은 부모를 공경하게 된다.

  넷째 계명은 젊은 부모만이 아니라 어른이 된 자식들에게도 주어진 것이다. 연로한 부모가 영적으로 빈곤하게 살아가지 않도록 해야 한다. 생애 마지막 시기에 접어드는 사람들이 무엇보다 걱정하는 것은 더 이상 노년기 빈곤이 아니다. 최근 들어 노년기 빈곤이 다시 증가할 것이라는 예측이 있기는 하지만, 은퇴한 사람들의 대부분은 물질적으로 부족함이 없다. 그러니 이제는 홀로 되거나 버림받는 것을 제일 걱정한다. 경제적 빈곤 대신 영적 빈곤이나 정서적 빈곤이 노년을 위협하는 것이다. 가족 구성원을 억압하기는 했지만 보호하기도 했던 대가족은 더 이상 존재하지 않는다. 텔레비전이 세상과 접촉하는 마지막 통로가 된 노인이 허다하다.

『그림 동화』에는 이런 이야기가 나온다. 할아버지가 식사 때마다 쩝쩝거리며 침을 흘리기 시작하자 아들 내외는 희멀건 죽에 나무 숟가락을 들려 방구석으로 밀어냈다. 가만히 보고 있던 아이가 말없이 나뭇조각을 하나 들더니 다듬기 시작했다. 아들 내외가 무엇을 만드는지 묻자 아이가 답했다. "엄마 아빠도 늙으면 드리려고 숟가락을 만들어요." 요즘 같아서는 희멀건 죽에 배를 곯을 일이 많지 않겠지만, 남들과 보조를 맞추지 못하고 귀찮고 성가시다는 이유로 한구석으로 내몰릴 위험은 있다. 분가한 자식들은 일 년에 기껏해야 세 번 정도 집에 들른다. 변덕스러운 부모를 못 견뎌 한다. 연로한 부모의 결점과 한계를 상대하기 힘들어한다. 한때는 강건했던 부모가 이제는 도움이 필요한 처지가 되었다니 받아들이기가 힘들다. 때로는 늙은 어른을 모시는 일이 어린아이를 돌보는 일보다도 버겁다.

이러한 점에서 노인들이 외로워지지 않는 것에 대해 젊은이들은 중요한 책임이 있다. 모든 노인이 삶의 마지막 날까지 가정에 머물며 가족들의 희생적인 돌봄과 보살핌을 받을 수는 없다. 그런데 아직도 가정에서 노인을 돌보는 여성들이 많다. (적지만 남성들도 있다.) 우리 시대의 이름 없는 영웅들이다. 그들은 이렇다 할 도움도 받지 못하고 있다. 하지만 가정에서 모시기에는 병환이 깊거나, 정신이 온전치 못하거나, 공격성이 심한 노인들도 있다. 특히 알츠하이머병 환자를 가정에서 몇 년이고 돌보다 보면 힘에 부치기 마련이다. 그렇지만 솔직한 심정에 이제는 못 하겠다는 말이 절로 나온다고 해서 양심의 가책을 받을 필요는 없다. 가족들과 한집에 사는 경우가 아니라면 그런 환자들에게는 더욱더 요양 시설이 필요하다. 요양 시설에 모셔도 관심을 기울이고 함께 시간을 보내며 사랑을 나눌 수 있다.

고령화 사회에는 나중에 자신이 대접받고 싶은 대로 노인들을 대접하는 미덕이 점점 중요해진다. 이러한 미덕을 배우고 가르치는 것이야말로 미래를 위한 참된 과업이다. 아직은 이러한 미덕이 부족해서 양로원이라는 말에 두려움을 느끼는 사람이 많다. 양로원에서 몇몇 끔찍한 사건이 벌어지기는 했다. 하지만 대부분은 너무 적은 간병인이 너무 많은 노인을 보살펴야 해서 일어난 사고다. 간병인이 과로에 시달린 나머지 노인을 구타하거나, 약물로 진정시키거나, 의자와 침대에 묶어 버린 것이다. 대다수 시설이 입원자를 올바로 돌보더라도 끔찍한 사건이 몇 번 터지고 나면 아무래도 겁이 나기 마련이다. 아무런 자극 없이 허구한 날 노인들과 지내다가 그저 가끔씩 바깥 세상에서 삶다운 삶을 누리는 사람들의 방문을 받아야 한다니, 양로원이라는 말이 떠오르기만 해도 죽고 싶은 심정이 드는 것이다.

이러한 현실에서 우리 사회는 수도생활에서 배울 만한 점이 있다. 베네딕도회 수도원을 보면 백 살이 다 된 고령의 수사부터 열아홉 살 먹은 수련자까지 네 세대가 한집에 산다. 그렇다고 낭만적으로 여길 일만은 아니다. 서로

간에 어려움도 많다. 젊은 수사에게는 늙은 수사를 감당할 인내심이 부족하고 늙은 수사에게는 젊은 수사를 상대할 융통성이 떨어진다. 하지만 전체적으로 보면 모든 세대가 공동체 생활에서 이로움을 얻는다. 젊은 수사는 늙은 수사에게서 병약함과 허약함을 대하는 법을 배운다. 자신도 언젠가는 그리되리라고 깨닫는다. 늙은 수사는 자유로워지는 법과 다른 사람의 도움을 받아들이는 법, 그러면서도 자신의 강점을 잊지 않는 법을 배운다. 새파란 수련자가 존경의 대상인 늙은 수사의 화장실 출입을 도와주어야 할 때 두 사람의 관계는 근본적으로 변화한다. 게다가 서로에게 이로운 방향으로 변화한다. 형제들 가운데 가장 작은 이에게 도움을 청해야 하는 늙은 수사는 위엄을 모두 상실한다. 하지만 그 순간 자신에게 붙은 모든 호칭과 직책과 일생의 업적을 놓아 버림으로써 새파란 수련자와 아주 특별한 관계를 맺는다. 그리고 수련자는 존경의 대상인 늙은 수사에게서 완전히 새로운 사람을 만난다. 늙은 수사는 다른 사람의 도움이 필요한 사람, 이미 오래전에 세상을 떠난 형제 수사와 갑자기 이야기를 나누거나 자신의 화장실 출입을 도와주는 이도 알아보지 못하는 사람이지만 그럼에도 여전히 존경스런 사람이다. 그렇게 수련자는 자신이 행하고 성취한 그 모든 것을 언젠가는 떠나보내야 한다는 무상함을 깨닫는다.

수도원에서는 노년을 현실적으로 바라보는 시각이 생긴다. 근래에 만연하는 비관주의와는 반대되는 시각이다. 요즘은 고령이 되어도 건강하고 활발한 노인이 많다. 장기간 간병이 필요한 노인은 그저 일부다. 노인들은 젊은 이들에게 활력과 기쁨의 원천이다. 한번은 마흔세 살 된 수도원장이 시간이 너무 많이 걸린다는 이유로 음악을 포기하려 하자, 어느 늙은 수사가 그래서는 안 된다고 조언했다. 수도원에 쥐 죽은 듯 정적만 흐른다면 답답하고 갑갑할 것이니 음악을 계속하는 것이 우리 공동체에 좋은 일이라고 했다.

할머니는 어린 손주를 누구보다 침착하게 돌본다. 늙은 부부는 우리의 삶이 다음 세대와 그다음 세대에 전승되도록 책임진다. 그들은 오십 년 결혼 생활에서 얻은 경험을 들려줄 수 있다. 하지만 그런 귀중한 경험을 자신의 것으로 활용하는 젊은이는 거의 없다. 젊은이들의 삶에서 노인들이 사라져 버렸고, 여러 세대가 서로를 구속하지 않으면서 자유롭게 한마을이나 한집에 살아가는 본보기가 부족해진 탓이다.

  어느덧 성년이 된 자식과 점점 노년에 접어드는 부모 사이에 있는 한 가지 어려움은 서로를 용서하는 것이다. 부모는 한때 자신들이 계획했던 것과는 다른 사람이 되어 전혀 다른 길을 걷고 있는 자식을 용서해야 하고, 자식은 부모의 과오와 결점을 용서해야 한다. 자식을 키우다 보면 누구나 잘못을 저지르게 된다. 누구에게나 한계는 있다. 아무리 나쁜 부모라도 공경받아야 할 이유가 있다. 나쁜 부모가 아니라, 나쁜 부모 아래서 고통받은 자식을 위해서다. 자식이 영혼에 상처를 입었거나, 억압당했거나, 비현실적 기대에 억눌렸거나, 신체적으로 폭행당했거나, 심지어 성적으로 학대당했다면 문제는 심각해질 수 있다. 이런 경우라면 부모가 먼저 용서를 바라거나 구할 수 없다. 반드시 자식들 스스로가 용서를 원해야 한다. 하지만 이처럼 극단적인 상황에서도 부모와 화해하는 것은 중요하다. 부모가 저지른 죄과를 함구하기 위한 화해가 아니다. 오히려 정반대다. 화해의 과정에서 부모가 저지른 죄과가 얼마나 크고 무거웠는지 낱낱이 밝혀지곤 한다. 또한 부모의 책임을 축소하거나 전부 부정하기 위한 화해도 아니다. 화해가 중요한 이유는 삶을 성취하려면 이렇게 말할 수 있어야 하기 때문이다. "그래요. 어머니 아버지는 제게 끔찍한 일을 저질렀어요. 그래도 변함없이 제 어머니고 아버지예요. 용서는 못 하더라도 두 분을 받아들이겠어요." 신체적으로나 성적으로 학대당했던 희생자에게는 용납될 수 없는 말이겠지만, 용서의 여지조차 없다면 희생자는 이중으로 고통을 받는다. 과거의 사건으로도 고통받지만, 과거의 사건이 지금껏 자신의 삶을 지배하고 구속해서 고통받는 것이다. 이런 식으로 희생자는 부모가 자신을 계속해서 학대하도록 용인한다.

그뿐 아니라 넷째 계명은 젊음에 대한 광기에도 반대한다. 부모를 공경할 줄 아는 사람은 영원한 젊음을 숭배하지 않는다. 나이 드는 일이 요즘처럼 고달픈 때도 없다. 예전이라면 공경도 받고 자연스레 권위도 따랐지만 이제는 많은 것을 잃었다. 감사하게도 오늘날 우리가 오래도록 건강과 활력을 유지하게 된 덕이다. 하지만 젊음이란 것이 우리를 지독하게 억압하는 가치가 된 까닭이기도 한데, 이를테면 이렇다. "건강하고 매력적인 육체로 살아라! 불룩 나온 뱃살은 어떻게든 감추고, 아침마다 지끈거리는 통증은 어떻게든 되삼켜라! 젊어 보인다면 우쭐거릴 일이지만, 제 나이로 보인다면 낙담할 일이다. 기력이 달리면 보약이라도 먹어라! 그래도 안 되면 갈 데까지 간 것이다. 이제 당신은 무가치하다. 골칫거리다." 그렇지만 넷째 계명은 이렇게 반대한다. "하얗게 센 머리도 아름다울 수 있다. '배 둘레 햄'은 너그러운 사람의 인덕이다. 다리가 비틀거려도 품위 있게 살아갈 수 있다. 아랫도리에 피가 안 통하는데도 꽉 끼는 청바지를 입을 필요는 없다. 틀니 낀 사람을 공경하라! 틀니를 껴야 한다 해도 수치스럽게 여기지 마라." 건강과 젊음과 체력이 인간의 가장 소중한 재산일까? 건강과 젊음과 체력은 아름다운 것이니, 이 모두를 갖춘 사람은 기뻐할 일이다. 하지만 신체가 건강한지, 병들었는지와 무관하게 인간의 가장 소중한 재산은 인간의 존엄과 영혼의 치유다. 노년을 공경하라는 말은 젊음을 숭배하지 말라는 말이기도 하다.

『베네딕도 규칙』에도 젊은이는 늙은이를 공경하고 늙은이는 젊은이를 사랑하라고 쓰여 있다. 경이로운 말이다. 늙은이는 자신과 다른 길을 걷는 젊은이를 받아들여야 하고, 젊은이는 지금의 모습이 된 늙은이를 이해해야 한다. 젊은이는 늙은이의 경험을 소중히 여겨야 하고, 늙은이는 젊은이의 활력에 기뻐해야 한다. 각각의 세대에는 고유한 권리와 존엄이 있다.

마지막으로 넷째 계명은 한 가지 약속과 관계가 있다. "그러면 너는 주 너의 하느님이 너에게 주는 땅에서 오래 살고 잘될 것이다"(신명 5,16). 약속의 의미는 이러하다. "늙어도 괜찮다. 내가 다른 이들에게 넉넉히 베풀었으니, 이제 다른 이들이 나에게 베풀 차례다. 쇠약해도 괴상해도 나답지 않아도 괜찮다. 융통성 없어도 괴팍해도 말귀가 어두워도 괜찮다. 종종걸음으로 걸어도 괜찮다. 그럼에도 삶에서 내 자리는 변함이 없다. 이제는 놓아주는 법을 안다. 늙은이 허물에도 나를 사랑하는 이들이 있기 때문이다." "네가 땅에서 잘 살 수 있도록" 부모를 공경하라는 계명은 삶을 성취하게 만드는 계명이자, 부모를 사랑하고 자식을 사랑하게 만드는 계명이다. 이 계명은 부모 자식 간의 파기될 수 없는 사랑의 계약과 가족을 사회의 중심에 세운다. 이것은 언제나 환상이었다. 지금도 그 사랑의 계약이 한낱 아름다운 꿈에 지나지 않는 경우가 허다하다. 그렇지만 삶을 성취하고자 한다면 그 아름다운 꿈에서 멀어질 이유는 또 무엇인가? 우리가 약속의 땅에서 오래도록 살아가고자 한다면 그 사랑의 계약을 위해 온 힘으로 싸워야 하지 않겠는가?

다섯째 계명

살인해서는 안 된다

생명은 존엄하다. 이것은 인간과 인간 사이의 기본 계명이다. 하지만 우리는 이 계명을 끔찍할 정도로 무수히 저버렸다. 때로는 교회의 축복까지 받았다. 히브리어 원문을 문자 그대로 풀이하면 다섯째 계명은 사람을 의도적으로 죽여서는 안 된다는 의미다. 이러한 의미는 오랜 세월 장군이나 군주, 심지어 성직자들에게 전쟁을 옹호하는 구실이 되었다. 비열한 살인이나 저열한 동기에서 저지르는 살인만이 금기라는 주장이었다. 이로부터 결의론이 등장했다. 결의론의 본질은 특정한 경우 예외를 인정해서 계명을 면피하는 것이었다. 예컨대 이렇다. "우리는 불가피하다고 판단해서 살인하지 않았던가? 국민 모두를 보호하기 위해서, 더 나은 세상을 위해서 달리 도리가 없지 않았던가?" 결의론자는 그 어떤 죄악에도 자유롭다. 언제나 결정적인 예외나 변명을 기어이 찾아내기 때문이다.

다섯째 계명의 의미는 이러하다. 그것이 어떤 단계에 있든 생명을 존중하고 보호하라. 전쟁을 늘 악으로 간주하고 평화를 위해 분투하라. 생명을 섬기는 일을 행하고 생각하라. 생살여탈권生殺與奪權을 쥔 전능자가 되고 싶은 유혹에 맞서라. 인간의 삶과 죽음을 결정하는 것보다 더 큰 권력은 없으며, 동시에 더 큰 유혹도 없기 때문이다.

독일인을 비롯해서 유럽인의 대부분은 60여 년 전부터 평화를 누리고 있다. 그럼에도 생명을 존중하라는 계명은 절실해져만 간다. 분단이 끝날 때까지 독일은 군사력을 증강할 수 없는 상황이었고, 따라서 국제사회의 책임을 부담할 수도 없었다. 하지만 이제는 코소보와 아프가니스탄에 독일군이 주둔하며 '아프리카의 뿔' 해역에 군함을 투입한다. 죽고 죽이는 일이 불가피해졌다. 연방하원의원들은 독일군의 파병 여부를 표결해야 하고, 경찰과 정보기관은 독일 내 테러 발생 위험을 조사해야 한다. 전쟁이 더 가까워졌다. 생명과 원수에 대한 사랑이 1980년대보다 어려워졌다. 바르샤바조약기구(WTO)와 북대서양조약기구(NATO) 사이에 핵전쟁 위험이 잠재하는 가운데 반핵 평화운동이 거리를 휩쓸던 시기보다 어려워졌다. 또한 생명의 시작과 끝에 대한 물음 앞에서도 생명을 존중하라는 계명은 위태로워졌다. 의학과 연구 분야에서 회색 지대가 생겨난 것이다. 생명이 언제 시작해서 언제 끝나는지, 언제부터 언제까지 존중되고 보호되어야 하는지를 명확히 규정하는 것은 많은 노력이 필요한 일이고, 때로는 전혀 불가능한 일이다. 안락사 지원 단체가 불치병 환자의 자살을 도와주어도 되는 것일까? 언젠가는 질병의 치료에 도움이 되리라는 희망으로 배아줄기세포 연구를 해도 되는 것일까? 아동의 편에 서기를 자처하는 사회에서도 매년 수십만 여성들이 낙태를 할 것인가 말 것인가를 두고 고심을 거듭한다. 정신적으로나 물질적으로, 또는 사회적으로 곤경에 처해 있는 탓이다.

다섯째 계명의 의미는, 첫째로 전쟁을 늘 악으로 여기고 저항하라는 것이다. 이것과 관련해서 교회는 먼 길을 걸어왔다. 초기 그리스도인들만 해도 전쟁과 군 복무를 거부했다. 하지만 4세기에 이르러서 밀라노 주교 암브로시우스Ambrosius는 그리스도교를 국교로 삼은 로마제국이 이방인과 이교인에 맞서 치르는 전쟁은 정당하다고 주장했다. 420년에는 아우구스티누스가 정전론正戰論에 대해 저술했고, 그로부터 600여 년 후에는 토마스 아퀴나스Thomas Aquinas가 정전론을 구체화했다. 토마스 아퀴나스에 따르면 적대자 제거가 아니라 법질서 회복을 목적으로 하는 전쟁과 적법한 권력이 합당한 근거로 일으키는 전쟁은 정당하다. 아우구스티누스와 토마스 아퀴나스는 전쟁에 이성적 근거를 마련해 제한하려고 했다. 그렇지만 그들이 주장한 정전론은, 전쟁을 원칙적으로 거부하는 정신을 20세기에 이르기까지 그리스도교 사상의 중심에서 몰아내는 결과를 낳았다. 아시시의 프란치스코Francesco di Assisi가 설교한 기쁨에 찬 비폭력도, 남아메리카 원주민을 위해 투쟁한 바르톨로메 데 라스 카사스Bartholomé de las Casas의 용기도 아무런 소용이 없었다. 라스 카사스는 스페인 국왕에게 남아메리카에서 벌인 전쟁은 모두 부당한 것이니 점령한 땅을 원주민에게 되돌려 주어야 한다고 언명했다. 마르틴 루터는 방어 전쟁만을 정당한 전쟁으로 보고 침략 전쟁이나 종교전쟁은 아니라고 보았다. 하지만 개신교를 따르는 제후와 군주들도 루터의 교리를 지키지 않고 자기들의 전쟁은 적법한 방어 전쟁이라고 주장했다. 용감하게 히틀러에 저항한 그라프 폰 갈렌Graf von Galen 주교조차 독일군이 서방 연합군과 소련군에 맞서 1945년까지 벌인 전쟁을 조국을 방어하고 볼셰비즘에 저항하는 정당한 투쟁으로 여겼다.

제2차 세계대전이라는 참변이 일어나고 나서야, 비로소 교회는 세계교회협의회(WCC)가 1948년에 발표한 것처럼, 하느님의 뜻에 따르자면 전쟁이 있어서는 안 된다는 사실을 인식했다. 실제로 제2차 세계대전 이후에 가톨릭과 개신교는 여러 선언과 구체적 실천으로 세계 그 어느 조직보다 활발하게 평화를 위해 노력했다. 전쟁을 정당화한 신학자는 예나 지금이나 끊임없이 있어 왔다. 예컨대 냉전 시대에도, 동방정교회의 민족주의자들 가운데도, 그리스도교 우익의 십자군 설교자들 가운데도 있었다. 그렇지만 사람들의 뇌리에 각인된 것은, 이라크 전쟁을 저지하고자 위독한 몸을 이끌고 마지막 순간까지 최선을 다한 교황 요한 바오로 2세의 모습이었다.

교황 요한 바오로 2세는 미국 대통령 조지 부시George Bush와 영국 총리 토니 블레어Tony Blair와 면담했고 자신의 가장 능력 있는 외교관인 에체가라이Roger Etchegaray 추기경을 이라크에 파견했다. 이라크에서 돌아온 에체가라이 추기경은 이라크는 끔찍한 독재국가지만 대량살상무기는 소유하지 않았다고 전했고, 이것은 훗날 사실로 입증되었다. 이 모든 조치는 외교적 계산에 따라 양심을 굽힐 수는 없었던 교황이 마지막으로 바친 위대한 순종이었다. 인류를 위해서라면 전쟁은 언제나 패배일 따름이라고 교황은 공언했다. 교황 요한 바오로 2세가 이토록 완강하니 바티칸의 외교관들은 염려했다. 그들은 어찌하든 이라크 전쟁을 저지하지는 못하리라 판단했고, 강대국과의 관계가 악화되지 않을까 우려했다. 하지만 그들은 틀렸다. 교황의 '불편한 언행'은 전 세계를 위한, 특히 이슬람 세계를 위한 하나의 표징이었다. 사려 깊은 이슬람의 대변자들은 서방세계라고 전부 자신들을 적대하는 것은 아니라는 사실을 인식할 수 있었다. 교황의 평화주의는 언뜻 무의미한 것처럼 보였으나, 실은 정치적으로 엄청난 영향력을 품고 있었다.

폴란드 민족을 말살하고자 독일이 일으킨 전쟁에서 살아남은 교황이 남긴 유산은 이러하다. "정당한 전쟁이란 없다. 전쟁은 언제나 부당하다. 언제나 고통을 유발한다. 살인해서는 안 된다는 계명을 어기고 살인을 저지른다." 교황 요한 바오로 2세는 전쟁의 불의함을 다음과 같은 말로 정확히 표현했다. "전쟁은 인류의 패배입니다." 한 국가나 국가연합은 더 큰 살육을 막기 위해 무장을 하고 전쟁을 벌여야 하는 끔찍한 딜레마에 빠질 수 있다. 하지만 이러한 딜레마도 전쟁을 정당화할 수는 없다. 명백히 선善을 지키려는 전쟁도 악惡을 조장하기 때문이다.

전쟁은 살인과 폭력과 인간 말살에 대한 욕망을 낳고, 타인을 지배하려는 무한한 욕망을 낳는다. 연합군이 독일의 침략 전쟁을 가로막고, 나치 집단수용소에서 벌어지는 학살을 저지하며, 히틀러 정권을 무너뜨린 것은 불가피하고 불가결한 대응이었다. 그렇지만 1945년 2월 13일과 14일 사이 밤, 미국과 영국이 드레스덴을 폭격하여 도시 전체를 파괴하고 시민 수만 명의 목숨을 앗아 간 행위는 정당한 것일까? 작가이자 교수였던 빅토르 클렘페러Victor Klemperer의 일화가 이러한 딜레마를 보여 준다. 2월 13일

오후, 집단수용소행이 임박했던 유다인 클렘페러는 드레스덴에 생존해 있던 다른 유다인들에게 서신을 전해야 했다. '대피'할 것을 통고하는 서신이었다. 클렘페러와 서신을 받은 다른 유다인들에게 연합군의 폭격은 곧 구원을 의미했다. 도시가 절명하는 혼란 속에서 집단수용소행 명단에 관심을 기울일 사람은 아무도 없었다. 그럼에도 드레스덴 폭격은 정당하지 않다. 함부르크에 일으킨 화염폭풍과 루르 지방에 퍼부은 융단폭격도 정당하지 않다. 연합군은 되도록 많은 인명을 살상해서 독일의 전의를 꺾으려고 했다. 드레스덴의 방공호에서 질식사한 아이들이나 거리에서 불타 죽은 아이들은 집단수용소에서 살해당한 유다인 아이들과 마찬가지로 살 권리가 있었다. 소이탄이 나치 친위대원과 무고한 시민을 가릴 것 없이 무차별하게 불태우던 그날 밤, 전 세계를 지배하려는 히틀러의 야욕을 저지하고자 단행한 행위도, 역사상 가장 확실하게 정당화된 이 전쟁마저도 실은 정당하지 않았다.

그리하여 독일의 가톨릭과 개신교는 2002년과 2007년의 평화 발언에서 정당한 전쟁에 대한 교리에 작별을 고하고 정당한 평화를 위해 온 힘을 다하겠다고 선언했다. 여기서 정당한 평화는 무장 충돌이 없는 상태, 그 이상을 의미한다. 그리스도교는 전 세계에 퍼져 있고, 전쟁이 의미하는 바를 인식하고 있다. 아프리카에 있는 사제와 수도자들은 서구권과 구 동구권 국가로부터 수입된 소형 화기가 날개 돋친 듯 팔려 나간다는 사실을 잘 알고 있다. 그리고 이 화기가 어떤 결과를 초래하는지, 시민사회를 어떻게 산산조각 내는지도 잘 알고 있다. 부유한 국가들이 자신들의 투자를 보전하기 위해 케냐 정권같이 부패한 정권을 수십 년 넘게 지원하고 있다는 사실도 모르는 바 아니다. 살인해서는 안 된다는 계명은 시민사회를 강화하고 부패에 저항하며 법치국가를 실현하라는 뜻이기도 하다.

독일의 가톨릭과 개신교가 독일군의 해외파병에 회의적인 이유가 바로 그것이다. 아무리 명분이 좋다 할지라도 파병에는 인명의 희생이 따르니 딜레마다. 파병으로 얻는 것은 무엇인가? 그렇다면 잃는 것은 무엇인가? 그리스도교는 언제나 이렇게 비판적으로 물어야 한다. 그렇다고 그리스도교가 근거도 없이 넘겨짚고 있는 것은 아니다. 예컨대 독일 쾨니히스뮌스터 수도원의 베네딕도회 수도자 요나탄 괼너Jonathan Göllner 신부는 아프가니스탄의 마자르 이 샤리프Masar-i-Scharif에서 군종신부로 사목했다. 괼너 신부는 군인들이 아내와 아이, 또는 여자 친구와 떨어져 멀리 파병되었을 때 어떻게 변화하는지 이야기했다. 그들은 평화 유지를 위해 훈련을 받았지만, 인명을 살상하는 훈련도 받았다. 머릿속에는 죽음에 대한 상념이 자리한 지 오래였다. 도처에 적군이 도사렸다. 여차하면 총구를 겨누겠다는 생각만 커졌다. 지금껏 독일이라는 복지사회밖에 모르던 착실한 청년들이 별안간 끔찍하게도 모래사막에서 발견한 해골을 가지고 놀게 되었다.

독일은 마자르 이 샤리프를 경제적으로 원조하고 시민사회 건설을 지원한다. 그렇더라도 독일군은 인명을 살상하는 훈련을 받은 군대일 따름이다. 독일군이 아프가니스탄 북부에서 많은 일을 모범적으로 수행한다 할지라도 전쟁의 논리에 편승했던 것은 사실이다. 이제는 격전이 벌어지는 아프가니스탄 남부에도 병력을 투입하라는 압력이 커지고 있다. 살인해서는 안 된다는 계명은 살인의 논리에 끌려 들어가서는 안 된다는 의미이기도 하다. 다섯째 계명은 타인의 고통을 예민하게 받아들이라는 계명이자, 어떠한 폭력이든 그 희생자의 곁에 다가가라는 계명이고, 또한 죽음을 죽음으로 대갚음해서는 안 된다는 계명이다. 아우슈비츠의 희생자를 드레스덴의 희생자로, 이라크의 희생자를 뉴욕 쌍둥이 빌딩의 희생자로 대갚음하지 않을 일이다.

다섯째 계명은 사형 제도에도 반대한다. 국가는 인간의 생살여탈권을 쥔 재판관을 자처한다. 하지만 그 어떤 끔찍한 범행으로도 정당화될 수 없는 일이다. 판사도 인간이다. 그릇된 판결을 내릴 수 있다. 그런데 사형이라는 것은 일단 집행되면 더 이상 돌이킬 수 없다. 안타깝게도 미국에는 이미 사형이 집행되었지만 실은 잘못된 판결이었던 사례가 많다. 사형에 대한 두려움이 잠재적 범죄자의 범행을 막지는 못한다. 가장 좋은 예가 미국이다. 그렇지 않다면 사형 집행이 증가한 지난 몇 년간 범행 발생이 감소했어야 한다.

가톨릭은 교황이 분명하고 단호하게 사형 제도를 반대하기까지 오랜 세월이 필요했다. 교황 요한 바오로 2세가 반대 입장을 분명히 했고, 현 교황 베네딕도 16세 또한 마찬가지다. 그러니 가톨릭 신자들은 자랑스러워 할 일이다. 가톨릭은 사형 제도를 반대하는 입장을 세계 그 어떤 조직보다 명확히 표명한다. 예컨대 국제적 평신도 단체인 '산 에지디오 공동체'(Community of Sant'Egidio)는 일정 기간 동안 사형 집행이 유예되어야 한다며 몇 년 전부터 투쟁하고 있다.

전쟁 소식을 먼발치서나 듣는 나라에서, 즉 경제적 풍요와 첨단 기술을 누리는 나라에서는 살인해서는 안 된다는 계명이 무엇을 의미할까? 생명을 멋대로 처리하거나 거래할 수 없는, 소중한 것으로 여기라는 의미다. 생명이란 것이 경제적으로나 사회적으로 이득은커녕 손해만 끼친다 하더라도 우리는 생명을 소중히 해야 한다. '안락사 정책'과 '아리아족 혈통정화정책'을 자행한 나치 정권의 종식 이후, 가치 있는 생명과 가치 없는 생명을 구분하는 행위는 영원히 끝난 듯하다. 실제로 조금이라도 영향력 있는 정치적 조류나 철학적 조류라면 장애자와 정신질환자를 살해하는 근거가 된 19세기 생물학적 결정론을 부활시키려 들지 않았다. 그렇지만 의학의 진보에 따라 생명의 시작과 끝에 대한 불분명한 회색 지대가 생겨났고, 그래서 생명의 보호가 더 어려워지고 있다. 네덜란드 국회는 중증 장애를 안고 태어나는 아이들의 안락사를 허용하는 법률을 승인했다.

독일에서는 대부분의 예비 부모가 '출생전진단'을 점차 당연시한다. 출생전진단은 소수의 예외 사례를 위해 개발된 것으로, 태아에게 중증 질병이 의심스러울 경우 마지막으로 확인하는 진단이다. 하지만 요즘에는 임산부가 양수 검사를 거부한다면 그 의사를 분명히 밝혀야 한다. 임산부가 35세 이상이라면 특히 더 그렇다. 거부 의사를 밝히지 않은 임산부가 장애아를 출산할 경우 의사는 고소당할 위험이 있다. 부모들은 대체로 양수 검사에서 정상이라는 진단을 받고 나서야 마음을 놓는다. 경우에 따라서는 유전자 검사를 통해 태아의 질병이 모태에서 이미 치료될 수도 있고, 가족이 장애아와의 삶을 미리 준비할 수도 있다. 그렇지만 부정적으로 진단받은 예비 부모들은 세상이 무너지는 것만 같고, 전혀 예기치 못한 물음에 직면한다. 장애아와 살 것인가, 아니면 낙태할 것인가? 도저히 장애아를 키울 자신이 없어서 낳지 않겠다고 결정을 내린 여성을 비난할 수는 없다. 그렇지만 출생전진단이 대중화되고부터 독일에는 다운증후군을 가진 장애아가

거의 없어졌다. '3염색체성 21'(Trisomy 21) 진단, 즉 다운 증후군은 십중팔구 임신중절을 뜻하게 되었다. 이렇듯 다운증후군 장애아는 서서히 사라지고 있다. 더는 존재하지 않고, 더는 눈에 띄지 않는다. 최근에는, 장애인이 비장애인과 결코 똑같은 능력으로 살아가지 못하리라는 것을 알면서도 장애아를 받아들인 부모들에 대한 비난의 소리가 높다. 아이가 태어나는 것을 막을 수는 없었냐는 것이다.

정계와 의료계가 허가해 달라고 요구하는 '착상 전 유전자 진단'의 경우에는 선택이 더 이른 시기에 내려진다. 체외수정으로 만들어진 수정체의 유전자를 분석해서 어떤 것을 자궁에 착상하고 어떤 것을 선별적으로 제거할지 의사가 결정하게 된다. 이러한 진단이 얼핏 합리적으로 보이거나 납득이 갈지도 모르겠지만, 객관적으로 유용한 특성을 지닌 생명을 겉으로 보기에 무용한 생명보다 선호하는 태도이기는 마찬가지다. 하지만 다운증후군이 있는 아이도 행복할 수 있다는 것을 그 누가 알까? 비장애아를 키우는 것과 다름없이, 장애아와도 부모들이 기쁨을 누린다는 것을 그 누가 헤아릴까? 장애아도 살아가는 기쁨을 안다. 게다가 다른 이들에게 그 기쁨을 선사하기도 한다.

생명은 목적에 따라 이용되고 처리될 수 있다는 주장이 있다. 배아줄기세포 연구의 문제가 바로 여기에 있다. 연구의 자유는 소중한 가치다. 연구자는 호기심이 많아야 하고, 한계를 넘어서야 하며, 이제껏 생각지 못한 것을 생각해 내야 한다. 연구가 끝나면 특정한 결과나 특정한 약제, 특정한 치료가 나온다는 보장이 없이도 기초연구에 매진할 수 있어야 한다. 배아줄기세포를 다루는 연구자들도 이러한 조건을 요구한다. 하지만 자신들의 연구가 치르게 될 대가, 즉 인간의 생명을 파괴한다는 사실에 대해서는 입을 다물거나 입을 연다 해도 그저 마지못해 연다. 연구자들은 인공수정을 하고 남아 어차피 폐기될 잉여 배아만 이용한다고 강조한다. 그렇지만 앞으로도 그러리라고 그 누가 보장할까? 조만간 제공자로부터 난자를 사들이지는 않을까? 사들인 난자를 인공적으로 수정시켜 짧게라도 발생 기간을 거친 다음 폐기하지는 않을까? 신학자와 철학자는 인간의 생명이 언제부터 시작되며, 언제부터 인간 생명으로서 보호될 가치가 있는지를 두고 수백 년에 걸쳐 골머리를 앓았다. 수정된 난자가 자궁에 착상하는 순간일까? 아니면 수정되고 40일이 지나야 할까?

배아가 통증을 느끼기 시작하는 시점일까? 태아가 자기 의지를 발현하는 시점일까? 결국 유일한 답은, 난자와 정자가 결합하는 시점에 마땅히 보호되어야 할 인간의 생명이 탄생한다는 것이다. 그렇다면 배아줄기세포 연구가 치러야 할 대가는 너무 크다. 배아줄기세포 연구가 생명을 구하고 질병을 치유할 날이 아직은 다가오지 않았고, 우리는 딜레마에 직면할 것이다. 먼저 태어난 인간의 생명을 구하려고 잉여 배아를 파괴되는 행위를 기어코 받아들여야 하는지 고뇌에 빠질 것이다.

연구자들은 자신들의 연구가 치러야 할 대가를 애써 축소하며, 다른 한편으로 생명을 멋대로 처리할 수 있도록 조장한다. 연구자들이 머지않아 난치병을 고칠 수 있으리라고 장담하는 것을 보면 놀랍기만 하다. 이러한 장담이 어떠한 값어치가 있는지 알고 싶다면 1960년대를 돌이켜 보면 된다. 당시 DNA 이중나선이 발견되어 규명되었을 때만 해도, 20세기 말에는 인간의 질병이 사라질 것이라며 지금처럼 다들 들떠 있었다. 하지만 오늘날 드러난 현실은 사뭇 다르다. 인류 최악의 질병을 물리치려면 먼저 말라리아를 물리쳐야 하고 깨끗한 식수와 건강한 식량을 공급해야 한다. 또한 간단한 약제로 간단한 질병을 치료할 수 있도록 노력해야 한다. 아직은 유전자 의학이 인류의 건강에 본질적으로 기여하지 못하고 있는 실정이다.

인간 생명의 가치는 또 다른 회색 지대, 즉 생명의 끝에서도 위태로운 듯하다. 다행스럽게도 인간의 평균수명은 연장되고 있다. 현대 의학은 암을 극복하게 하고, 심근경색에서 회생시키며, 뇌졸중 후유증을 최소화한다. 감사할 일이다. 그렇지만 덕분에 삶과 죽음의 경계를 규정하는 것이 갈수록 어려워진다. 의사가 환자의 연명장치를 꺼도 되는 시점은 언제일까? 혼수상태에 빠진 환자에게 수분 공급을 중단해도 되는 시점은 언제일까? 불치병 환자의 자살을 돕는 안락사 지원 단체가 존재해도 되는 것일까? 이러한 물음에 답하기란 쉽지 않으며, 보편적인 답을 제시하는 것은 불가능에 가깝다. 환자 가족과 의사, 간병인이 지는 책임이 너무 크다. 감당하지 못할 때도 많다. 그리스도교의 관점에서 보아도 이른바 소극적 안락사는 윤리적으로 허용된다. 생명을 두 주일 더 연장하려고 죽어가는 사람이 마지막 순간까지 고통에 시달리게 할 필요는 없다. 상속 문제 같은 것을 서둘러 마무리 지으려고 그리 할 필요는 없는 것이다. 요즘에는 많은 의사가 환자의 생명이 단축될 것을 알면서도 임종을 앞둔 이들에게 다량의 진통제를 투여한다. 또 고작 며칠 더 생명을 연장할 뿐인 심폐소생술을 중단하고, 연명장치를 떼어 냄으로써 무의미한 고통을 끝내려고 한다. 죽음에 임박한 환자의 통증을 덜어 주는 치료인 완화의학이 지난 몇 년간 엄청나게 발전했다. 통증이 심한 환자 가운데 95%가 도움을 받을 수 있고, 치료 시설도 넉넉히 마련되어 있다. 안락사에 대한 여러 설문 조사에 따르면, 불치병에 걸리면 자신의 삶을 마감하겠다고 한 사람들 가운데 대부분이 죽는 것 자체보다는 고통스런 통증과 보호받지 못하고 버려지는 기분, 죽는 순간 혼자가 되는 고립이 더욱 두렵다고 답했다. 그들에게 필요한 것은 진통제와 훌륭한 간병, 죽음에 이르기까지 곁에 있어 주는 애정 어린 동행일 뿐 안락사 약물이 아니다.

그럼에도 문제는 남아 있다. 다른 환자들은 어떻게 할 것인가? 통증 치료도 듣지 않는 나머지 5%는 어떻게 할 것인가? 또한 완화의학을 거부하는 환자는 어떻게 할 것인가? 이러한 환자라면 죽는 것만 바란다 해도 이해되지 않는가? 이해할 수 있다. 사는 것을 견딜 수 없어, 죽는 것만 갈망하는 처지를 우리는 얼마든 이해할 수 있다. 하지만 적극적 안락사가 허용된 나라에서는 모두 우려스런 결과가 나타났다. 스위스에서는 안락사 지원 단체인 '디그니타스'Dignitas가 활동하고 있다. 그런데 디그니타스가 불법으로 회계를 처리한다는 비난이 끊이지 않는다. 또한 '디그니타스'의 대표, 루드비히 미넬리Ludwig A. Minelli의 자기과시가 죽음을 앞둔 환자에 대한 배려보다 중요시되는 경우가 비일비재하다. 그 사이 '디그니타스'는 이미 고속도로 주차장에서 사람들을 안락사시켰고, 이제는 안락사 약물을 받기를 바라는 염세주의자를 독일에서 찾고 있다. 그리하여 판례가 될 재판을 경우에 따라 헌법재판소까지 끌고 가려고 한다.

네덜란드에서 실시한 설문 조사에 따르면, 늙고 병들었을 때 가족에게 짐이 되어서는 안 된다는 압박을 느끼는 사람들이 많다고 한다. 또한 안락사가 합법화되어도 삶과 죽음에 대한 법적 회색 지대를 걷어 내지는 못한다는 것이 드러났다. 점점 죽어 가는 환자나 당장 죽음을 앞둔 환자에게 의사가 어떤 조치를 취해도 되는지, 또 어떤 조치를 취해야 하는지 여전히 너무나 불분명하다. 나는 아직 인간으로서 어떤 가치가 있는가? 타인의 소비지상주의에 나를 종속시켜야 하는가? 최근 네덜란드에서는 자신의 생명을 구하기 위해 모든 조치를 취할 것과 안락사의 희생자가 되지 않을 것을 미리 명기하는 '사전의료지시서'를 작성하는 사람들이 나타나기 시작했다.

부모는 건강한 아이를 바라고 죽음을 앞둔 환자는 자신의 삶을 자신의 결정으로 마감하기를 바란다. 둘 다 이해가 가는 일이다. 하지만 어떠한 대가를 치르더라도 이러한 바람을 이루겠다는 것은 인권 사상을 위협하겠다는 것을 뜻하기도 한다. 독일 기본법에도 규정된 인권 사상은, 모든 인간에게는 양도할 수 없는 권리가 있고 모든 인간의 생명은 국가의 보호를 받는다는 것이다. 국제적으로는 이미 윤리학의 차원에서 인간 존엄에 대한 또 다른 관점이 논의되고 있다. 동양에서는 '자연과의 조화'라는 이름으로 논의되고 있고, 서양에서는 인간 생명의 절대적 존엄과 불가침성에 대한 의문이 제기되고 있다. 철학자들은 인류라는 종種에 속한다는 이유로 인간 생명의 절대적 존엄과 불가침성을 주장할 수 있는지 되묻는다. 또한 인간 생명이 보호할 만한 가치가 있으려면 반드시 갖춰야 할 질적 기준을 제시하려는 철학자들도 있다. 그런데 그들이 기준으로 삼는 것은 위험에 빠진 한 사람의 생명이 아니다. 다수의 필요다. 그 사람이 주위에 얼마나 부담이 되는지, 공동체에 어떠한 이득과 손실을 불러오는지 계산하는 것이다. 아직은 소수 의견에 불과하지만, 비용 절감에만 목매는 시대이니 논리적으로 타당성이 있다. 하지만 이러한 계산에 따르다 보면 손실만 입히는 사람들도 있을 텐데, 그들에게는 무슨 일이 벌어지는 것일까? 감히 상상할 수 없는 노릇이다.

이렇듯 어려운 상황에서 그나마 도움이 될 만한 것은 '안전주의'(Tutiorismus)라는 윤리 원칙이다. '안전주의'는 어떤 문제가 불확실할 경우 조심스러운 쪽, 생명을 보호하는 쪽으로 선택하는 것이다. 하느님에 대한 믿음이 인간의 존엄을 지켜 주기 때문이다. 줄기세포 연구가 생명을 구한다는 확실한 보장이 없는 한, 국가는 배아 파괴를 최대한 저지하라는 요구를 받을 것이다. 적극적 안락사나 의사 조력 자살은 환자가 자신의 의지와는 반대로 죽음에 이르는 결과를 낳을 수 있다. 마치 죽음이라도 원해야 할 것 같은 압박에 시달리게 할 수도 있다. 그렇다면 허용해서는 안 된다. 연구를 적대시하는 것은 아니다. '안전주의'는 의학의 발전에 개방적이다. 신학자들이 유전학자와 생명과학자들을 단순히 비윤리적이라고 폄하해서는 안 된다. 하지만 신학자들은 약자와 위태로운 생명에게 눈길을 돌리며 발전의 대가를 묻고, 치유를 장담하는 연구자들의 약속을 되도록 비판적인 시각으로 바라본다. 배아줄기세포 연구가 생명의 파괴라는 대가를 치러야만 가능하다면 성체줄기세포 연구가 좋은 대안이다. 어느 한 국가나 유럽공동체가 배아줄기세포 연구를 저지하지는 못한다 해도 선례를 남기거나 다른 대안을 장려할 수는 있다.

위태로운 생명을 보호한다는 것은 낙태를 줄이기 위해 최선을 다한다는 뜻이기도 하다. 낙태에 대해서도 답하기 어려운 문제가 많다. 근본주의를 엄격히 따르는 일부 생명 보호론자들의 주장처럼 쉬운 문제가 아니다. 가톨릭 상담소에서 일하는 여성 상담자들은 여성 내담자들의 불행한 운명을 이야기하곤 한다. 남편과 친척과 사회로부터 버림받은 여성은 아이를 가질 만한 처지가 못 된다는 것이다. 충분히 이해가 간다. 교회는 민주주의 의회가 교회의 관념에 맞지 않는 낙태 법안을 가결한다는 것을 받아들여야 한다. 독일 형법 218조와 219조에는 매우 세분화된 규정이 제시되어 있다. 사회적 사유로 인한 낙태는 위법이지만 특정한 상황에서는 형을 면제하고, 갈등 상황에 대한 상담이 낙태에 선행되어야 한다는 것이다. 다시 말해 낙태로 갈등하는 여성을 돕는 일이 형벌을 내리는 일보다 중요하다는 것이다. 독일 정부는 낙태를 허용하되, 법률로 규정해야 한다. 그런데 가령 교회가, 낙태에 대해서라면 법적으로나 정치적으로나 사회적으로 우리가 아무것도 변화시킬 수 없으니 이제는 입을 다물자고 말한다면 어떻게 되겠는가? 다수의 낙태가 사회적 사유에서 일어난다. 이것을 심각한 문제라고 표명하지 않는다면, 그저 체념하는 마음이나 설득하지 못할까 봐 염려하는 마음에 침묵한다면 교회는 무엇인가 과오를 저지는 꼴이다.

다섯째 계명은 체념해서는 안 된다는 계명이기도 하다. 생명을 보호하는 일은 언제나 가치가 있다. 생명은 언제나 위험에 처해 있기 때문이다. 교회가 이토록 인권을 위해 참여하고 전쟁과 사형 제도에 맞서 반대하리라고,

100년 전이라면 그 누가 짐작이라도 했겠는가? 낙태를 여러 피임법 가운데 하나 정도로 여기는 사람이 지금은 거의 없다. 하지만 30년 전만 해도 그렇게들 여겼다. 최근 들어 낙태가 여성에게 어떠한 정신적 결과를 초래하는지 지적하는 사람들은 다름 아닌 페미니스트들이다. 페미니스트들은 여성이 낙태를 결심하는 가장 중요한 원인이 아이의 아빠가 될 사람을 신뢰할 수 없다는 직감이나 확신 탓이라고 비판한다. 게다가 유전자 연구는 사람들의 마음을 불편하게 한다. 당연히 그렇게 느낄 만하다. 미약한 생명, 불완전한 생명을 보호해야 한다! 다섯째 계명은 실용적 사고가 절대시되는 시대에 오히려 더 많은 지지를 받는다. 다섯째 계명은 한 가지 위대한 약속을 내재하고 있기 때문이다. "완벽하지 않아도 된다. 겉으로는 아무짝에도 쓸모없는 것 같아도, 불완전하고 미약한 너희가 이루 헤아릴 수 없이 소중한 인간이다."

여섯째 계명

간음해서는 안 된다

우스갯소리로, 시나이 산에서 내려온 모세가 이렇게 말했다고 한다. "여러분, 여러분을 위해 좋은 소식 하나와 나쁜 소식 하나를 가져왔소. 먼저 좋은 소식부터 얘기하리다. 하느님과 흥정한 끝에 계명을 열 가지만 지키는 걸로 합의를 보았소. 나쁜 소식은 여섯째 계명이 그 열 가지 안에 여전히 있다는 거요." 이처럼 여섯째 계명이나 어떻게든 정욕을 다스리려는 인간의 허망한 노력만큼 농담거리가 되기 좋은 주제도 없다. 말하자면 간음은 사람들의 머릿속에서 떠나지 않는 주제다. 도둑질해서는 안 된다는 계명이나, 더군다나 살인해서는 절대 안 된다는 계명은 오늘날의 사회에서도 논란의 여지가 없다. 반면에 여섯째 계명은 남성이든 여성이든 모두에게 양가감정에 부딪치게 한다. 생물학적으로 인간은 어느 정도 부정不貞한 존재로 창조되었다. 어느 한 파트너와 유대를 맺거나 결혼한 후에도 다른 남성이나 여성에게 성적 매력을 느끼는 것이다. 그럼에도 사람들의 대부분은 어느 한 사람, 어느 특별한 사람과의 크고 깊은 사랑과 더불어, 정조와 신뢰를 갈망한다. 1960~70년대에 일어난 성혁명도 이러한 갈망을 변화시키지는 못했다. '같은 여자와 두 번 자는 자는 이미 기성 권력이다!'라는 구호도 남성 우월주의를 부르짖는 사이비 혁명가들의 헛소리로 밝혀진 지 오래다. 하지만 다른 한편으로는 정조와 성생활에 대한 그리스도인들의 발언도 받아들여지지 않기는 매한가지였다. 교회의 발언이라면 사람들이 일단 거부하는 데다가, 가톨릭이라면 특히 더 그러했다. 물론 교회가 자초한 부분이 있다. 간단히 말해서 간음해서는 안 된다는 여섯째 계명은 오늘날 가장 곤경에 빠진 계명이다.

여섯째 계명은 본디 소유에 대한 계명이었다. 결혼한 여자나 약혼한 여자는 남편이나 예비 남편의 소유였다.

간음해서는 안 된다는 것은 타인의 소유 관계를 침해해서는 안 된다는 뜻이었다. 남성은 다른 남성의 소유 재산을 가로채서는 안 되었고, 여성은 가족이란 연대의 생계를 위태롭게 해서는 안 되었다. 여섯째 계명에 사랑과 정조라는 주제가 반드시 있었던 것은 아니다. 구약성경을 보면 남녀 관계에 대한 온갖 난잡한 이야기들로 가득하다. 야곱은 라헬을 아내로 삼고 싶었지만 먼저 레아와 결혼해야 했고, 나중에는 두 아내에게서 아이를 얻었다. 타마르는 아이를 가지려고 창녀로 변장하고 시아버지 유다를 유혹했다. 같은 이유로 롯의 딸들도 아버지가 술을 들게 해서 잠자리를 같이했다. 종교 간의 경쟁도 간음해서는 안 된다는 계명이 나타나는 데 한몫을 했다. 이스라엘 민족의 신앙은 주변 민족의 다산 숭배와 철저히 구별되어야 했는데, 주변 민족에게는 유다인 남성들까지 완전히 매혹해 버린 신전 창녀 제도가 있었다.

그래서 간음 금지 계명은 남성들에게 분명한 권태와 상당한 죄책감에다가 소송에 대한 두려움까지 일으켰을 것이다. (일반적으로 집행되지는 않았지만) 소송 끝에 사형선고를 받을 수도 있었다. 하지만 여성들에게는 여섯째 계명이 보호막이었다. 여성들의 생계를 보장했고, 잘하건 못하건 남성들의 횡포로부터 보호하기는 했다. 여섯째 계명은 간통을 금하고, 이혼을 금했으며, 원하지 않는 아이의 낙태를 금했다. 훗날 이런 이유로 그리스도인이 된 여성들이 많았다.

로마인들에게 여성은 남성의 소유물이었다. 팔아 버릴 수도 있었고 큰 비용을 들이지 않고 이혼할 수도 있었다. 남편과 사별할 경우 아내는 다른 남성과 재혼해야 한다는 압박을 심하게 받았다. 황제 아우구스투스Augustus는 재혼하지 않는 과부에게 벌금까지 부과했다. 하지만 그리스도인들은 과부와 미혼녀를 존중했다. 과부는 재혼해서 또다시 종속을 자처할 필요가 없었다. 이교 사회에서는 낙태가 성행해서 여성들의 목숨을 앗아 가기 일쑤였지만 그리스도교에서는 그러한 강요가 없었다. 그래서 간음 금지 계명은 사회를 안정시켰다. 그리스도인들은 이교인들보다 아이를 많이 낳았고, 가정이 안정되었으며, 덕분에 사회적으로나 경제적으로도 큰 성공을 거두었다. 하지만 근대에 이르러 여성들은 대가를 치러야 했다. 정조의 의무가 남성들보다는 여성들을 구속하기 시작했다. 결혼은 여성들에게 감옥이 되었다. 기껏해야 배부른 감옥이었고, 때로는 지옥이나 다름없었다.

다행히도 결혼에 대한 전통적 이해는 변화했다. 오늘날 유럽에서 결혼은 상호 부양과 자녀 양육을 위한 제도가 아니다. 결혼은 사랑의 관계가 되었고 지속성과 서로 간의 책임이 중요한 역할을 하게 되었다. 하지만 정적인 관계가 아니라, 부부가 서로에게 발전 가능성이 있어야 하는 관계가 되었다. 이러한 변화로 이득을 본 쪽은 여성들이다. 여성들이 자신의 직업에 전념하는 경우가 많아졌다. 독립적이 되었다. 독재자 같은 데다가 폭력적이기도 한 남편과 무조건 참고 살아야 할 이유가 없어졌다. 여성과 아이들이 법적으로 보호받는 덕분이다. 게다가 요즘은 남성들도 동반자 관계를 중요시한다. 아직은 변화가 지지부진하다 할지라도, 자신의 삶을 살고 자의식이 있는 여성을 동반자로 삼으려는 남성들이 늘어나는 추세다. 직장생활과 자녀 교육에 대한 문제를 아내와 공평하게 부담하려는 남성들도 늘어나고 있다. 오늘날처럼 여성과 남성이 서로를 자유로이 선택한 시대는 지금껏 없었다. 서로의 관계에 대해 이토록 많은 것을 생각한 시대도 없었다. 하물며 여성과 남성의 고정된 역할을 깨뜨리고자 진지하게 노력한 시대도 없었다.

하지만 이로써 결혼 생활과 부부 관계는 전보다 크게 위태로워졌다. 분명한 역할 분담은 관계의 버팀목이기도 했다. 지난 시대에는 남편이라면 돈을 넉넉히 벌어 오고 술을 적당히만 마시면 되었고, 아내라면 살림을 꾸리고 아이를 돌보면 되었다. 부부 관계의 질은 문제가 되지 않았다. 사람들은 일찍 결혼해서 일찍 죽었고 경제적으로 여유가 있는 남성들은 정부情婦를 거느렸으며 부농들은 하녀에게서 자식을 보았다. 지난 시대가 도덕적으로 꼭 나은 시대라고 할 수는 없다. 그저 다른 시대였을 뿐이다. 그 후로 부부 관계에 대한 기대가 점차 높아졌다. 전반적으로는 다행스런 일이지만 비현실적 기대 또한 커졌다. 사랑은 변함없이 깊어야 하고, 성생활은 언제나 흥분되어야 하며, 세월이 흐르며 심오한 영적 친밀감까지 생겨야 한다. 게다가 아이들은 얌전하고 자신감 있으며 영재여야 한다. 부부는 둘 다 사회적으로 출세해야 하고, 여러 친구들과 두루두루 교제해야 하며, 그럼에도 저녁이면 함께 영화관에 갈 시간이 있어야 한다. 부부 관계에도 많은 노력이 필요하고, 위기가 따르기 마련이며, 좋은 날이 있으면 궂은 날도 있다는 사실을 사람들은 곧잘 간과한다. 위기가 성숙으로 가는 길이라는 사실을 잊는 것이다. 관계가 깨지는 경우가 그래서 늘어나고 있다. 폭력이나 정신적 억압이 영향을 미치거나, 결국에는 증오만이 남아서 악화되는 관계도 있다. 그렇지만 위기를 극복하는 법과 갈등을 해소하는 법, 평범한 일상을 꾸리는 법을 배우지 못해서 악화되는 관계가 더욱 많다. 관계는 부부 가운데 한쪽이 부부 생활이나 가족생활보다 독신 생활을 선호해서 깨지기도 한다. 누구에게도 얽매이고 싶어 하지 않으면서 자신의 직업에 투신하거나 출세를 추구하려는 것이다. 또한 한쪽이 새로운 배우자를 찾아서 관계가 깨지기도 한다.

독일에서는 결혼으로 맺어진 부부 가운데 거의 40%가 다시 갈라서고 있다. 그런데 결혼은 하지 않았지만 수년간 안정된 관계로 살아온 미혼부부 가운데 몇 쌍이나 다시 헤어지는지는 아무도 모른다. 40%에 달하는 이혼율보다 훨씬 높을 것이다. 마찬가지로 겉으로는 하나로 결속되어 있지만 속으로는 분리되어 있고 서로에게 실망한 부부, 그렇지만 각자 평행선을 그은 채 살아가는 부부가 얼마나 되는지도 아무도 모른다. 1965년 독일에서는 62만 쌍이 결혼하고 7만4천 쌍이 이혼했다. 2007년에는 39만 쌍이 결혼하고 20만 쌍이 이혼했다. 그러니까 이혼과 간음이(간음이 꼭 이혼으로 이어지는 것은 아니지만) 일상이 되었다. 간음의 양상은 각각의 부부가 맺고 있는 관계의 양상만큼이나 다양하다. 순간의 감정을 제어하지 못해 간음이 일어나기도 하고 배우자와 성적으로 만족하지 못해서 일어나기도 한다. 한 번으로 그치는 간음도 있고 계속해서 반복되는 간음도 있다. 그렇지만 간음은 다른 남성이나 다른 여성을 깊이 사랑해서 일어날 수도 있다.

이러한 상황은 수도 공동체에서도 익숙하다. 수사들이 수도서원을 깨고 수도원을 나가려는 가장 빈번한 사유는 사랑이다. 그것이 진실하고 성숙한 사랑이라면 수도원장은 이렇게 말할 수밖에 없다. "애석하지만 어쩔 수 없지. 그래, 가려거든 가게나. 그대들이 그대들의 길을 갈 수 있게 우리가 돕겠네." 그렇지만 미성숙한 사랑이나 정신적 위기에서 비롯된 미성숙한 성욕 때문에 수도원을 나가려는 경우도 있다. 이 경우에는 위기를 극복하는 것과 의견

충돌이 있더라도 점차 서로를 이해하는 것이 중요하다. 이와 같은 노력은 부부 관계에서도 끊임없이 요구되는 조건이다. 부부는 사랑을 지키기 위해 싸워야 하고 충돌이 있더라도 조금씩 서로를 이해해야 한다. 첫 번째 위기가 찾아오자마자 갈라서서는 안 된다. 위기는 실로 커다란 기회이기도 하다. 위기가 있어야 관계를 유지하기 위해 싸울 수 있고, 관계를 새로이 정립할 수 있으며, 여러 가능성을 획득할 수 있다. 위기 없는 부부 관계는 없다. 따라서 어떤 부부가 자신들에게는 아무런 위기가 없다고 자부한다면 그것은 위험신호다. 부부 관계가 좋으려면 성장을 위한 위기가 필요하다. 위기를 회피하면 퇴행이 찾아온다. 점차 미성숙해진다. 예컨대 중년의 병원장이 젊은 비서와 결혼하는 일이 미성숙이다. 병원장은 젊은 여자와 살면 다시 한 번 젊음을 느낄 수 있으리라 믿는다. 너무도 경탄스러운 나머지 절로 고개가 숙여지는 늙은 부부들은 흔히 평생 동안 서로를 위해 싸워 온 이들이다.

갈라서는 것이나 함께 사는 것이나, 요즘에는 두 가지 다 예삿일이 되었다. 또한 현실적으로도 갈라설 수밖에 없고, 갈라서야만 하는 부당한 관계들이 실재한다. 하지만 이혼이 야기하는 정신적, 사회적 대가나 결혼에서 이혼으로 치닫는 과정은 간과되기 일쑤다. 이혼이라는 관계의 좌절이 성인들에게는 인생 최대의 패배가 된다. 부부 관계에서 겪는 스트레스는 심혈관계 질환을 유발한다. 이미 이혼한 사람들이나 부부 관계가 불행한 사람들은 결혼생활이 행복한 사람보다 우울증 발병률이 세 배나 높다.

그렇지만 더 큰 대가를 치르는 것은 아이들이다. 엄마나 아빠를 잃을지도 모른다는 불안, 엄마나 아빠 중 어느 한쪽을 선택해야 한다는 내적 갈등, 죄책감과 수치감, 이사에 따른 친구의 상실, 사회적 몰락이나 가난에 대한 두려움. 이 모두가 원인이 되어 이혼 가정의 아이들은 온전한 가정의 아이들보다 행동장애를 더 많이 겪는다. 근래 발표된 최초의 장기 연구에 따르면 부모가 비교적 갈등 없이 이혼하고 두 부모와 모두 지속적으로 접촉한 아이일지라도 과거의 상처로 평생을 아파한다고 한다. 자신의 삶을 힘겹게 받아들이는 일이 더 많고, 또래와 관계를 형성하는 데 어려움을 겪으며, 이성과 긴밀한 유대를 맺는 것을 불신한다. 어른이 되어서는 온전한 가정에서 자란 이들보다 자신의 인간관계에 만족하지 못하는 경우가 더 많다. 부모가 이혼하면 그 아이들도 이혼할 확률이 높다. 개개인으로 보자면 이혼 가정의 아이들도 자신의 삶을 제대로 꾸려 갈 수 있고, 대부분이 다른 아이들과 다름없이 성장하기도 한다. 하지만 삶에서 제자리를 찾지 못한 아이들 때문에 개인과 사회가 치러야 할 대가를 무시할 수는 없다. 이렇든 저렇든 이혼이 초래하는 경제적 결과는 분명히 제시될 수 있다. 2006년, 두 부모가 양육하는 가정은 3%만이 공공부조의 도움을 받았지만 한 부모 가정은 무려 27%가 도움을 받았다. 사람들이 크게 우려하는 아동 빈곤은 곧 '이혼 빈곤'이기도 하다.

그래서 결혼과 가족의 가치를 교회가 끊임없이 강조하는 것은 옳은 일이다. 아동 다섯 명 중 네 명은 여전히 가족의 품에서 성장하고 있다. 또한 진부하고 고리타분한 소리로 들릴지라도 신뢰할 수 있는 동반자 관계의 가치를 논하는 것도 옳은 일이다. 그런데 요즘 청소년들에게 어른이 되어 어떻게 살고 싶은지 물으면 대부분이 답하기를, 서로에게 다정하고 충실한 동반자 관계 안에서 아이들과 함께 가정을 이루고 싶다고 말한다. 성에 대해 자유로운 태도에도 불구하고 배우자의 탈선은 예나 지금이나 상대 배우자의 마음에 깊은 상처를 남긴다. 그래서 어떤 이들은 이 사건을 이겨 내 보려고 평생을 싸워야 하고 인간적으로나 성적으로 자신을 무가치하게 느끼게 된다. 게다가 이미 결혼한 남성과 관계를 맺은 여성들도 그 관계가 끝난 후에는 모멸감과 결국 이용당하고 버려졌다는 기분을 느끼게 된다. 그래서 '평생을 서로에게 충실한 동반자 관계'라는 이상理想이 여전히 생명력 있는 것이다. 어쩌면 그 생명력은 수십 년 전보다 오늘날 더 강해진 듯하다. 현실이 예전과 달라지고 삶에서 단절되는 관계가 많아졌을 수는 있지만, 평생을 서로에게 충실한 동반자 관계라는 이상은 여전히 살아 있다. 그러니 교회가 어찌 그 이상을 버려야 하겠는가?

물론 이러한 교회의 관심사가 사람들에게 더 잘 받아들여지기 위해서는 더욱 많은 일을 해야 할 것이다. 지금보다 동반자 관계를 더욱 지지해야 하고 상담의 기회를 늘려야 한다. 또한 결혼 생활에 실패한 이들을 비난하지 않으면서 더욱 관심을 기울여야 한다. 교회가 사람들을 심판하는 역할만 고집하며 오늘날의 세태를 염세적으로 개탄하는 것은 아무런 도움이 되지 않는다. 단단하고 건강한 관계를 유지하려는 이들과 위기를 극복하려는 이들이 도움을 구하는 역할, 이혼 후에도 두 부모와 자녀가 인간다운 삶을 살도록 도와주는 역할을 맡아야 한다.

요즘은 상담을 받을 수 있는 기회도 많고 부부나 가족이 일정한 주제를 놓고 주말을 함께 보낼 수 있는 프로그램도 많다. 자녀 양육 강좌나 홀로 자녀를 키우는 부모를 위한 휴가 프로그램도 있다. 하지만 이 모든 기회가 축소될 위험에 처해 있으며 전체 교회 생활에 융화되지 못하는 경우도 적지 않다. 본당 신부가 슬라이드나 넘기는 혼인 면담으로는 예비부부가 다정하고 건강하게 결혼 생활을 꾸려 가도록 도와주기에 부족한 경우가 허다하다. 전문가가 지도하는 프로그램이 필요한 예비부부도 있다. 프로그램이 끝날 때 예비부부는 전문가로부터 결혼하기에는 아직 이르니 일 년 정도 기다리는 것이 좋겠다는 권유를 받을 수도 있다. 미국 가톨릭 공동체에서는 흥미로운 움직임이 일어나고 있다. 배우자에게서 마음에 들지 않는 점은 무엇이고, 서로 간의 관계에서 개선할 수 있는 점이나 또 어려운 점은 무엇인지 마음속으로 방어하지 않고 솔직하게 이야기하는 프로그램을 개설했다. 참가 부부들은 갈등 상황에서도 서로를 진지하게 받아들이는 법을 배우고, 다른 곳에서는 차마 꺼내지 못했던 것들을 털어놓을 수 있는 안전한 자리를 갖는다. 이러한 프로그램은 부부가 서로 무의미하게 살아가게 될 위험과 부부 공동체가 겉으로는 원만해 보여도 속으로는 냉각될 위험을 감소시킨다.

특히 가톨릭은 부부 관계가 실패할 수도 있으며, 또 매일같이 실패하고 있다는 사실을 더욱 고려해야 한다. 이혼 부부나 별거 부부를 비난하지 않으면서 도와주는 것, 배우자에게로 돌아가는 길이나 새로운 삶으로 나아가는 길을 보여 주는 것, 그러면서 그들 자녀들의 편에 서는 것 또한 교회가 당면한 과제다. 재혼자에게 영성체를 금하는 것은 동시에 교회에도 손해를 끼치는 처사다. 다름 아닌 믿음이 깊은 사람들이 소외당하고 비난받는다고 느끼게 되는 것이다. 이미 십 년도 전에 독일 남서부 지방의 주교들이 각각의 경우에 따라 결정을 달리하고 원칙보다는 사목을 우선해야 한다고 의견을 내놓았다. 하지만 교황 요한 바오로 2세는 거부했다. 교황의 거부는 문제 해결에 그리 도움이 되지 않았다. 오히려 이혼자들에 대한 가톨릭 사목이 충실하거나 세심하지 못했다는 결점만 드러냈을 뿐이다. 교회가 그저 화합을 위하여 이혼자들에게 "당신들이 한 게 다 옳습니다"라고 말해서는 안 된다. 또한 현실에 적당히 순응하려고 "이혼하든 안 하든 아무 상관없습니다. 사랑은 잠시뿐입니다"라고 말해서도 안 된다. 그렇다고 이혼자들을 단순히 비난해야 하는 것은 아니다. 관계에 실패한 이들과 실패의 비극을 함께 짊어지고 동행해야 하는 것이다.

요한 복음에서 율법학자들은 간음하다 붙잡힌 여자를 예수 앞에 끌고 왔다. 모세의 율법에 따르면 이런 여자는 돌을 던져 죽여야 한다. 그렇지만 예수는 둘러선 남자들에게 이른다. "너희 가운데 죄 없는 자가 먼저 저 여자에게 돌을 던져라." 남자들은 부끄러워하며 자리를 떠났다. 아마도 몇몇은 제가 저지른 간음을 떠올리며 떠났을 것이다. 복음사가 마태오와 마르코와 루카는 이 이야기를 전하지 않았다. (물론 남자의 관점에서) 한 여자의 성적 매력에 끌리느니 차라리 눈알을 뽑아 버리는 게 낫다고 권고할 정도로, 정조를 절대적으로 지키라는 계명과 상반되다시피 한 까닭일 것이다. 하지만 예수가 간음한 여자에게 방종한 도덕률을 설교한 것은 아니다. 예수는 말했다. "가거라. 그리고 이제부터 다시는 죄짓지 마라." 그렇다고 예수가 간음한 여자를 단죄한 것도 아니다. 그리스도인들이 처신해야 할 바가 여기에 있다.

여섯째 계명은 말한다. "좋은 날은 기뻐하고 나쁜 날은 견뎌 내며 죽음이 갈라놓을 때까지 두 사람이 함께 성장하는 사랑, 그런 깊은 사랑이 있다." 여섯째 계명은 약속이다. 오늘날의 세태에 반대한다. 인생 시기에 따라 적절한 동반자를 선택하면 된다는 사고가 유행한다. 텔레비전 광고를 보면 매번 한 남자가 다른 여자를 유혹하고 다른 여자가 한 남자를 유혹한다. 행여 교회가 이러한 세태에 더 관대해진다면 끝없는 사랑을 향한 사람들의 근원적 갈망을 배반하는 꼴이 될 것이다. "사랑도 잠시뿐입니다. 하느님께서 맺으신 것도 다시 풀립니다"라고 말한다면 교회는 과연 무엇을 얻겠는가? 간음해서는 안 된다는 계명은 '쿨'cool하지 않다. 하지만 이렇듯 '쿨'하지 않게도, 서로가 정조를 지키는 관계를 꿈꾼다는 것이 바로 여섯째 계명의 경이로운 점이다. 여기서 정조는 관습이나 강요가 아닌 사랑으로 말미암는다. 성적 욕망을 결코 적대시하지 않는다. 또한 두 사람이 자신들의 성애와 서로에 대한 쾌락을 거듭해서 새롭게, 차츰차츰 성숙하게 발견하도록 한다. 플라톤에 따르면 남성과 여성은 반으로 잘린 공의 두 쪽이며, 그 두 쪽은 다시 온전한 공이 되기를, 온전한 하나가 되기를 갈망한다. 이러한 합일이 이루어지는 곳에서 우리는 천국을 어렴풋이나마 인식할 수 있게 된다. 바로 그곳에서 하느님이 현존하신다. 그래서 가톨릭에서 결혼은 남성과 여성이 몸소 자신을 바치는 성사다. 이 성사에서 사제가 베풀 수 있는 것은 그저 축복일 뿐, 다른 것은 없다.

사랑하는 사람들은 천국의 숨결을 내뿜는다. 사랑에 빠진 젊은 남녀는 긍정적 기운을 발산한다. 그 주위에 다시금 생기가 돌게 한다. 그렇지만 주위에 더욱더 생기를 불어넣는 것은, 이제는 주름과 괴벽만이 남았어도 늘 한결같이 늘 처음처럼 서로를 사랑하는 늙은 부부다. 공원 벤치에서 오래도록 입맞춤하는, 그러려면 두꺼운 안경을 벗어야 하는 늙은 부부다. 아내는 다리를 절고 남편은 저녁 무렵이면 갈수록 쉬이 지치지만 늙은 부부는 함께 견뎌 낸다. 늙은 부부는 서로 싸우다가도 다시 화해한다. 인생의 기복에 흔들리지 않는다. 지금껏 모든 것을 함께 겪어 냈기 때문이다. 여섯째 계명은 지독히 낭만적인 계명이다. 관계가 실패할 수 있다는 것과 신의가 얼마나 쉽사리 무너지는지를 알면서도 두 사람의 끝없는 사랑을 끈질기게 꿈꾼다.

일곱째 계명

도둑질해서는 안 된다

소유는 사람들을 자극하고 매혹시키고 사로잡는다. 가톨릭의 수녀와 수사들은 어떤 수도회에 속해 있든 청빈을 서약한다. 개인적 소유가 없다. 그럼에도 창가의 선인장이나 책장의 책에 집착하며 이런저런 물건을 자신의 소유로 삼는다. 수십 년간 탄자니아 대통령을 지낸 줄리어스 니에레레Julius Nyerere는 진실로 정직한 인물이었다. 교사보다 많은 월급을 받으려 하지 않았다. 국민의 교사이고자 했던 것이다. 그리스도인은 사회주의자여야 한다고 니에레레는 습관처럼 말했다. 사도행전에서 초기 공동체에 대해 이르듯이 그리스도인에게 사유재산이 있어서는 안 되고, 모두가 모든 것을 공동으로 소유해야 한다는 것이었다.

그렇지만 이것은 초기 그리스도교 시대부터 그저 이상이었을 뿐 현실이 아니었다. 1,500년이라는 역사가 흐르는 동안 상당한 노력을 기울이고 나서야 수도자들이 사유재산으로부터 작별을 고할 수 있었지만, 단 한 번도 완전히 손을 떼지는 못했다. 수도회에 들어오는 모든 수련자는 자신이 무엇을 행하는지 알고 있고, 또한 자유의지에 따라 행한다는 것을 알고 있다. 그럼에도 작별을 고하는 데는 노력이 필요하다. 사회주의국가의 국민들은 대부분 사유재산과 소유와 물질에 집착했다. 가진 것이 늘 부족하기만 했고 국가가 눈을 떼지 않고 감시했던 탓이다. 그곳에서도 불평등은 자본주의국가 못지않게 심각한 문제다. 문제의 구조가 다를 뿐이다. 예컨대 북한을 손님 자격으로 방문하는 사람들은 너무나 호화로운 별장에서 묵을 수 있는데 공식적으로는 그 지역에 호텔이 존재하지 않는다. 하지만 객실은 무도회장처럼 크고 심지어 화장실은 춤이라도 출 수 있을 정도로 크다. 무엇을 자신의 소유로 삼는 것, 나아가 부자가 되는 것은 인간에게 주어진 큰 충동 가운데 하나다. 그만큼 타인의 사유재산을 자신의 것으로 삼고 싶은 유혹 또한 크다. 이것은 십계명이 만들어졌을 때나 지금이나 마찬가지다.

「고해 성찰 문항」을 보면 일곱째 계명은 타인의 사유재산을 불법으로 가로채서는 안 된다는 개인적 차원의 권고다. 그리고 이것이 일곱째 계명의 가장 단순한 일차적 의미다. 나의 것과 남의 것을 구분해야 한다는 것이다. 눈에 보이는 것이라고 모두 자신의 장남감은 아니며, 어머니의 지갑을 건드려서는 안 된다는 것을 어린이들은 배워야 한다. 조금 더 성장하면 슈퍼마켓에서 사탕이나 학용품이나 장난감을 훔쳐서는 안 된다는 것도 배워야 한다. (그런데 슈퍼마켓 계산대 앞을 보면 아이들이 칭얼거릴 수밖에 없도록 온갖 과자와 사탕을 진열해 놓았다. 그러니 우는 아이 달래느라 진이 빠진 부모가 제 아이가 사탕 하나 훔치는 것을 묵인한다 해도, 슈퍼마켓 주인은 손해를 감수해야 하지 않을까.) 작은 것에서부터 연습을 하지 않으면 나중에는 큰 것에서도 나의 것과 남의 것을 구별하기 힘들어진다. 범죄자가 아닌 이상 다 큰 어른이 남의 것을 훔치는 일은 드물다. 하지만 작은 농간이나 기만에는 익숙하다. 여기서 세금을 떼먹었고, 저기서 보조금을 타 먹었으며, 중고차를 팔 때도 거짓말을 약간 보탰다고 친구나 동료에게 눈을 찡긋거리며 늘어놓는다. 극소수의 사람만이 평생 동안 줄곧 정직할 수 있다. 그러니 사소한 기만은 명예가 훼손될 만한 잘못이 아니고, 하물며 국가에 손해를 가하는 행위는 아무것도 아니다. 하지만 성실한 국민들이 일상적으로 저지르는 사소한 기만 때문에 발생하는 손실을 모두 합하면 상당한 규모에 이른다. 방송 언론인 울리히 비커트Ulrich Wickert는 『정직한 사람이 바보다』*Der Ehrliche ist der Dumme*라는 책에서 남을 속여 먹기나 하고 남의 것도 내 것인 양 차지하려는 독일인의 성향을 문제 삼았다. 타인의 재산이나 국가의 요구를 존중하는 사람들이 고지식한 바보로 취급받는다는 것이다. 그러니 좀도둑이나 강도에게 그런 범행을 저질러서는 안 된다고 어찌 말할 수 있겠는가?

   그렇지만 일곱째 계명을 개인주의적 시각으로만 바라보기에는 부족함이 있다. 도둑질해서는 안 된다는 계명의 본뜻은 다른 사람의 생존 기반을 **빼앗아서도** 안 되고, 다른 사람이 자립하기 위한 필요조건을 가로채서도 안 된다는 것이기도 하다. 레위기를 보면 이렇게 이른다. "너희 형제가 가난하게 되어 너희 곁에서 허덕이면, 너희는 그를 거들어 주어야 한다. 그도 이방인이나 거류민처럼 너희 곁에서 살 수 있게 해야 한다"(레위 25,35). 이스라엘인들에게는 이른바 희년禧年이라는 제도가 있었다. 일곱 해마다 안식년을 지내며 그동안 쌓인 모든 빚을 탕감하여 채무 관계를 영零에서 다시 시작하는 것이다. 희년은 사회적 평등화의 초기 형태로 대내적으로 안정을 보장하고, 가난한 이들의 경제적 기반을 보호하며, 국가의 부富가 소수의 가문에 집중되는 것을 방지했다. 이방인과 거류민을 포함한 전체 사회가 경제적으로 행위 능력이 있어야 한다는 의도였다.

현대에는 사회국가(Sozialstaat)가 이러한 역할을 이어받았다. 사회국가는 빈부 격차를 완화하는 제도를 마련하고, 생활이 어려운 처지에 놓인 사람들의 자립을 후원하며, 병자와 실업자를 위해 안전망을 제공하고, 자녀를 양육하는 가정을 지원한다. 스스로 생계를 유지할 만큼 충분한 돈을 벌어들이는 사람들은 수입에 따라 세금을 내고, 이러한 세금으로 국가는 자립하지 못한 사람들을 돕는다. 독일 기본법에 명시된 사회국가주의는 지난 50년간 국가의 안녕과 대내적 안정을 발전시키고 보호하는 최선의 수단으로 증명되었다. 사유재산을 국유화하려는 사회주의 이상도, 각자가 각자만 생각하면 결국 모두를 생각하는 것이라는 급진적 시장주의 모델도 사회국가주의에 비하면 그리 성공적이지 않았다는 사실이 입증되었다.

독일 사회국가주의의 뿌리는, 19세기에 공장 노동자들이 열악한 현실에 처하자 그 반작용으로 일어난 가톨릭 사회교리다. 가톨릭 사회교리는 일곱째 계명의 두 가지 지향에 주목한다. 사유재산을 보호하는 것과 개인의 책임을 강조하는 것이다. 사회교리는 성공을 죄악시하지 않는다. 다른 사람보다 좋은 아이디어가 많은 사람이 있는가 하면, 보통 사람보다 창조적이고 부지런하며 추진력 있는 사람이 있다. 그들은 성공의 열매를 거둘 권리가 있다. 그렇지만 사회교리는 또한 강조한다. 소유에는 의무가 따른다는 것이다. 자본이 더 많은 자본을 위해 축적되어서는 안 된다. 자본은 공정한 대가를 지불하는 일자리를 창출해야 하고, 모든 사람에게 교육의 기회를 제공해야 하며, 국가에 행위능력을 부여해야 한다.

따라서 자본은 언제나 인간을 지향해야 한다. 단 몇 초면 자본이 지구를 한 바퀴 돌고 오는 시대이니 낭만적인 소리로 들릴지도 모른다. 그리고 실제로 사업가나 주식 중개인, 투자가도 자신이 하는 일이 사람들에게 득이 되는지 실이 되는지 판단하기가 갈수록 어려워지고 있다. 인원 감축은 사람들에게서 일자리를 빼앗으니 나쁜 일일까, 아니면 다른 사람들의 일자리를 보장하는 데 도움이 되니 좋은 일일까? 인건비가 낮은 지역으로 기업을 이전하는 것은 사회적으로 책임 있는 결정일까? 유채 경작에 대한 투자는 재생 가능한 디젤을 생산해 내니 좋은 일일까, 아니면 식량 생산에 필요한 농지를 감소하게 만드니 나쁜 일일까? 국가 부채를 감축하고자 사회복지 지출을 삭감하는 것은 국제적 자본가에게 좋은 정책일까? 물론 사려 깊은 경제 지도자들도 많다. 예컨대 1989년 적군파(Rote Armee Fraktion) 테러리스트에게 살해된 은행가 알프레트 헤르하우젠Alfred Herrhausen은 일찍부터 빈곤 국가의 부채 탕감을 위해 노력했다. 책상에 앉아 결정을 내리게 되면 그 결정이 초래하는 모든 결과를 전혀 파악하지 못하는 경우가 허다하다. 그럼에도 지난 몇 년간 드러난 사실은, 주식 시세만 좇는 경영 정책은 장기적으로 기업을 무너뜨릴 수 있으며, 수익만 노리는 투자가는 메뚜기 떼처럼 파괴적일 수 있다는 것이다. 또한 순전히 사회복지를 축소하려는 정책은 누가 보더라도 국가 존립의 정당성을 떨어뜨린다.

도둑질해서는 안 된다는 계명은 천문학적으로 높은 연봉과 파렴치할 정도로 많은 퇴직금을 받는 경영자들에게도 해당된다. 또한 리히텐슈타인에 있는 법인을 통해 자국에 세금을 지불하지 않고 자금을 안전한 곳으로 빼돌리는 사람들에게도 해당된다. 물론 여기에서 두 가지 문제는 서로 상이하다. 연봉과 퇴직금은, 기업의 이사회가 경영자에게 지급하려는 금액을 일단은 내부적으로 합의해야 하지만, 결국은 자유로운 협상으로 결정된다. 독일에서 주목받는 경영자들의 연봉을 보면 국제적 수준과 비교해 특별하지도 않다. 반면 탈세는 위법행위다. 몇 년간 징역을 살 수도 있다. 거액의 탈세는 거액의 연봉이나 퇴직금과 마찬가지로 부유층과 초부유층이 그들만의 법칙과 사고가 지배하는 고유한 세계를 만들었다는 사실을 보여준다. 그 세계에서는 합법적이든 편법적이든 불법적이든

거리낌 없이 자본을 늘리는 것만 중요할 따름이다. 어떠한 대가를 지불하든 제약을 어기고 그들의 기준을 관철하는 것만 가치가 있다. 그런데 부유층의 위법행위를 검찰에 제보한 사람조차도 결국은 그들과 같은 세계를 살아가는 셈이다. 훔쳐 낸 제보 자료로 다시는 일하지 않아도 될 만큼 많은 돈을 벌려고 했기 때문이다.

이대로라면 사유재산의 보호와 사회적 의무의 균형, 일곱째 계명의 균형이 깨질 것이다. 리히텐슈타인으로 자금을 빼돌리는 사람이 최저 소득층에게 생계 지원비나 타 먹으려는 사기꾼들이라며 격분해서는 안 된다. 부유층과 빈곤층의 격차가 너무 커지면 급진적 정치 사조와 급진적 정당이 생겨난다. 또한 정치에 대한 분노가 커지고 기존 정당에 대한 불만으로 군소 정당에 표를 던지는 '항의 투표'가 나타난다. 극우 정당인 독일국민민주당(NPD)이 작센 주 지방의회에 진출할 수 있었던 것은 자신들이 '높은 사람들'과 '구 서독 사람들'에게 종속되었다고 느끼는 시민들이 많았던 탓이다. 좌파당(Die Linke)이 독일에서 다섯 번째 정당으로 자리 잡을 수 있었던 것도 나라가 불공평하게 돌아간다고 생각한 유권자가 많았기 때문이다.

줄리어스 니에레레가 믿었던 것처럼 그리스도인이 반드시 사회주의자여야 하는 것은 아니다. 그렇더라도 그리스도교는 자본주의에 대한 비판을 어느 정도 내포하고 있다. 부자가 하느님 나라에 들어가는 것보다 낙타가 바늘귀로 들어가는 것이 더 쉽다고 예수는 말했다. 부유한 나라에 살고 있는 우리가 곱씹을 말이다. 쾰른의 추기경 요제프 프링스Joseph Frings는 반反자본주의가 구체적으로 어떻게 실천될 수 있는지 모범을 보여 주었다. 제2차 세계대전 직후 가난한 사람들이 화물열차에서 석탄을 훔치자, 그것은 도둑질이 아니라 석탄 소유주에 맞서서 생존 필수품을 확보하기 위한 정당한 수단이라며 변호했다. 교황 요한 바오로 2세는 동유럽에서 공산주의가 막을 내리자 그 어떤 사상가보다 분명히 말했다. 공산주의가 몰락했다고 해서 자본주의가 정당화된 것은 아니며 궁극적 경제형태로 증명된 것도 아니라고 그는 경계했다. 1987년 12월에 반포한 회칙 「사회적 관심」Sollicitudo Rei Socialis의 핵심은 인간의 노동이 자본보다 중요하다는 것이다. 교황은 가난한 나라에 무거운 짐을 지우는 서방의 소비 지향적 사고와 산업국가의 엄청난 자원 소모, 불공평한 세계경제

질서 등을 비판했다. 교회는 늘 주의 깊게 살펴야 한다. 사회적으로 불공평한 정치와 약자에게 희생을 강요하는 정치가 자행되는 곳을 지적해야 한다.

독일의 개신교와 가톨릭은 사회정책에 대한 두 교회의 입장을 최근에 발표하며 '참여의 정의'라는 개념을 사용했다. '참여의 정의'는 가난을 돈이 부족한 상태, 즉 재화를 분배하여 해결할 수 있는 상태로 보지 않고 더 넓은 시각으로 보려고 한다. 사회정책은 되도록 많은 사람이 자신의 삶을 스스로 책임지게 하고 사회생활에도 참여하게 해야 한다. 사회정책은 무엇보다 학교교육과 직업교육의 기회를 제공해야 한다. 실업자가 적극적으로 구직 활동을 하도록 자극해야 하고 어느 정도 압박도 가해야 한다. 가정은 물론, 어린이를 양육하는 모든 사람을 지원해야 하고 자립하지 못하는 사람들도 도와야 한다. 사회정책의 목표는 이렇게 도움 받는 사람들이 결국에는 의존에서 벗어나는 것이다. 때로는 실패가 따르더라도 이 같은 목표는 한결같아야 한다. 실업계 학생들이 어차피 자신은 실업 급여나 받아먹게 될 거라며 체념하더라도 도움은 계속되어야 한다.

부유한 독일, 부유한 서유럽에서 문제가 되는 것은 부유한 나라와 가난한 나라의 관계에서 더 큰 문제가 된다. 전 세계적으로 절대 빈곤선에 미치지 못하는 사람들, 즉 하루 1달러 미만으로 살아가는 사람들이 10억 명에 이른다고 한다. 국제시장에서 기초 식료품 가격이 급등하며 아프리카에는 기아가 만연한다. 깨끗한 식수를 마시지 못하는 사람들이 수억 명이고, 아이들은 가벼운 병으로도 죽음에 이른다. 영양실조 때문이다. 그리스도인들끼리 있으면 가난을 낭만적인 것으로 여기거나, 가난한 이를 더 선한 사람이나 더 복된 사람으로 여기는 경향이 있다. 가난에 대해 아무것도 모르는 것이다.

가난은 잔인하다. 인간을 말살하는 데다 폭력적으로 만든다. 가난은 가정뿐 아니라 인간관계도 죄다 파괴한다. 약물의존, 범죄, 내전 등을 야기한다. 아프리카와 남아메리카를 보면 가난한 국가일수록 부패가 극성하고, 경찰과 군대가 모든 형태의 반대 세력을 잔혹하게 탄압하며, 소수의 부자가 국가의 부를 파렴치하게 탕진한다. 그래서 이러한 국가에 살면서도, 가난과 더불어 사랑하고 미소 짓는 사람들을 보면 그만큼 더 경이로울 뿐이다. 그렇더라도 부의 불공평한 분배는 21세기가 시작된 지금, 그 무엇보다 사람들의 분노를 사는 문제이다.

　세계 공동체의 목표는 '참여의 정의'를 실현하는 것이어야 한다. 가난한 나라가 국제시장에서 공정한 조건으로 거래할 수 있도록 하고, 그 나라의 문명 구조를 보호해야 하며, 사람들의 자립을 돕는 프로젝트를 마련해야 한다. 아직도 산업국가의 원조는, 자립보다는 또 다른 의존을 불러오는 응급조치를 넘어서지 못하는 실정이다. 독일 사민당(SPD)의 개발도상국 원조 전문가 브리기테 에를러Brigitte Erler는 1980년대에 이 문제를 '죽음의 원조'라는 개념으로 사람들에게 각인했다. 공정한 발전이 실제로 가능하다는 것을 보여 주는 본보기도 있다. 노벨평화상을 받은 방글라데시의 무함마드 유누스Muhammad Yunus 교수는 여성에게만 소액 대출을 해주는 '그라민 은행'(Grameen Bank)을 설립했다. 대출금에는 이자가 붙는다. 적선이 아니다. 하지만 다른 은행에서 여의치 않았던 여성들이 '그라민 은행'에서 대출을 받고 작은 생업을 꾸려 가족을 먹여 살린다. 유누스 교수에 따르면 남성들은 돈을 만지기에 적당하지 않다. 타당한 주장이다. 대출금을 상환하는 여성들이 95%가 넘는다. 기존의 방식대로 남성들에게 돈을 빌려 주는 은행이라면 꿈같은 수치다. 여성들에게 돈을 빌려 주면, 여성들은 그 돈을 유의미한 일에 투자한다. 게다가 남성들이 변할 수밖에 없게 만든다. 돈을 버는 아내와 함께 살려면 술도 줄여야 하고, 노름판과 사창가 출입도 그만두어야 하며, 결국에는 착실히 일해야 하기 때문이다.

그래서 도둑질해서는 안 된다는 계명은 불공정을 없애려면 폭력밖에 다른 도리가 없다는 체념에도 반대한다. 경제의 변화 과정에는 어차피 아무런 영향을 미칠 수 없고, 가난한 사람은 계속 가난할 수밖에 없다는 우울한 전제에 반대하는 계명인 것이다. 그리고 다름 아닌 교회가, 무엇보다 전 세계에 조직되어 있는 가톨릭교회가 세계 경제활동을 조정하기 위한 세계 윤리를 제시해야 한다. 세계화와 그 결과에 대해 교황 베네딕도 16세가 회칙을 준비하고 있다. 이러한 교서는 진작 나왔어야 했다.

일곱째 계명은 사유재산을 보호하고, 또 사유재산에 의무를 부여한다. 그렇지만 무엇보다도 소유에 대한 집착에서 벗어나게 한다. 점점 더 부자가 되길 바라는 욕망은 일종의 중독이 될 수 있고, 이렇게 중독이 된 사람은 재산을 불리기 위해 수단과 방법을 가리지 않는다. 다른 사람의 생존 기반을 빼앗는 것도 서슴지 않는다. 돈에 집착하는 사람은 자신의 의지를 통제하지 못한다. 마약중독자처럼 자신의 행동에 대한 통제력을 잃고 날마다 더 많은 마약을 원하듯, 더 많은 돈을 원한다. 말 그대로 소유에 중독되는 것이다. 이러한 '소유중독자'는 마약중독자나 알코올중독자만큼이나 불쌍하다. 자신이 가진 것을 즐기지 못하고 아침부터 저녁까지 일한다. 연인 관계나 부부 관계, 친구 관계를 제대로 유지할 능력을 상실한다. 주식 시세라도 떨어지면 억장이 무너진다.

반면에 일곱째 계명은 무욕과 더불어 돈과 소유로부터 자유로워지는 법을 가르친다. 예컨대 이러한 태도로 우리는 자유로워진다. "나는 그리 많은 것이 필요하지 않다. 지금 가진 것으로도 살아갈 수 있으니 더 이상은 필요 없다." 탐욕을 부리지 않으면 소유에 눈이 멀지 않는다. 안타깝지만 소유에 중독되어 눈이 멀어 버린 사람들이 많아졌다. 소유중독자는 다른 사람의 곤경과 고통을 보지 못하고, 합법적 이득과 불법적 기만의 경계를 보지 못한다.

이렇듯 눈이 머는 현상은 사회 모든 계층에서 나타난다. 예컨대 적어도 옆집 사람이 가진 것만큼은 되는 자동차와 컴퓨터를 가져야 한다는 사람들도 있고, 반 친구들이 가진 것과 똑같은 MP3 플레이어와 게임기를 사 달라는 아이들도 있다. 다른 사람을 그대로 따라 해야 하는 것은 끔찍한 강박이다. 그대로 따라 하면 자신을 구속하게 되고, 그대로 따라 하지 못하면 자신을 파괴하게 된다.

이런 파괴적 강박에서 벗어나려면 탐욕을 버릴 수 있어야 한다. 베네딕도 성인은 다음과 같은 훌륭한 말을 남겼다. "아빠스는 모두에게 똑같은 것을 주지 않고, 각자에게 필요한 것을 줄 것이다. 다만 적게 필요한 사람은 시기하지 말 것이며, 많이 받는 사람은 교만하지 말 것이다. 하여 서로가 반목하지 않을 것이다." 그래서 소유에 대한 중독에서 자유로워지는 것은 소유에 대한 사고에서 자유로워지는 것을 뜻하며, 내가 가지지 못한 것을 가진 사람에 대한 시기에서 자유로워지는 것을 뜻한다.

저술가이자 뮌스터슈바르작 수도원의 재정 담당인 안셀름 그륀Anselm Grün 신부는 베네딕도회의 무욕 정신을 보여 주는 본보기다. 그륀 신부는 저서가 수백만 권이나 팔렸다. 큰 부자가 될 수도 있는 사람이다. 하지만 한 달 용돈이 50유로도 안 된다. 그럼에도 더없이 행복하다. 걱정하거나 언짢은 기색도 전혀 보이지 않는다. 그륀 신부는 소유와는 다른 부富가 있다는 것을 가르쳐 준다. 사람들과의 만남, 계속해서 조언과 상담을 해 줄 수 있는 기쁨, 무엇인가를 움직일 수 있는 능력, 그리고 일상의 작은 것들에서 체험하는 아름다움 등이 그것들이다. 또한 시간이 부족하기만 한 시대에 문득 생기는 작은 여유는 크나큰 호사다. 상트 오틸리엔의 수도원 학교에서 수년간 교장직을 맡았던 베른바르트 친트Bernward Zint 신부는 자신의 방에 책을 늘 열 권만 두었다. 그 열 권도 수도원 도서관에서 빌려 온 것이었다. 베른바르트 신부는 학문이 높았다. 수업 교재를 준비하려고 아침마다 오랜 시간 복사기 앞에 서 있던 몇몇 동료들보다 훌륭한 수업을 했다. 베른바르트 신부는 자신을 절제하는 법을 터득한 사람이었다. 정말 중요한 책 열 권만 있으면 다른 모든 책은 불필요한 사치에 불과하다고 말했다. 어떤 사람들의 눈에는 괴짜로 보였을 것이다. 하지만 그보다 자유로운 사람도 실은 드물었다.

여덟째 계명

이웃에게 불리한 거짓 증언을 해서는 안 된다

정치가들은 정말 이래도 되는 것일까? 서독 총리 헬무트 콜Helmut Kohl은 당시 동독 경제가 나락으로 치닫는데도 국가의 번영을 약속했다. 후임 게르하르트 슈뢰더Gerhard Schröder는 정부 부처들이 이미 '아겐다 2010'(Agenda 2010)을 구상하고 있는데도 국민 모두가 더 많은 돈을 벌 것이라며 장담했다. 헤센 주 사민당 위원장 안드레아 입실란티Andrea Ypsilanti는 좌파당과는 절대로 손을 잡지 않겠다고 공약했지만 선거에 승리하자 연합을 시도했다. 정치가들이 이런 행태를 보일 때마다 사람들은 아무래도 상관없다는 식이다. 자신이 당선되면 세상이 정말 살기 좋아질 것이라 장담하지 않는 정치가는 동네 이장도 되기 힘들다. 자기편 정책은 찬양하고 반대편 정책은 폄하하지 않는다면 언제까지나 야당 신세를 면하지 못한다. 자신이 쓰는 기사에 적절히 기교를 부리지 않는 기자는 절대로 세간의 주목을 받지 못한다. 다른 사람이 손해를 입더라도 자신은 인정을 받으려고 노력하지 않는 직장인은 만날 똑같은 봉급만 받는다. 학교에서도 적당히 둘러대지 못하는 학생만 억울한 일을 당한다.

괴팅겐에서 활동하는 정치학자 프란츠 발터Franz Walter는 사민당과 좌파당의 연합 논쟁이 한창일 때 「거짓말 찬가」라는 기고문을 썼다. 정치란 이중적이지 않거나, 이전에 공언한 바를 추후에는 뒤집어야 한다는 계산이 없으면 불능 상태에 빠진다는 주장이었다. 발터는 이러한 기고문으로 다름슈타트의 사민당 의원 다그마르 메츠거Dagmar Metzger를 못마땅하게 여기던 사람들의 속내를 드러냈다. 입실란티가 좌파당의 표를 얻어 헤센 주 주지사가 되려던 것을, 바로 메츠거가 반대하고 나서서 저지했기 때문이다. 매우 정직한 학자인 프란츠 발터가 언급한 바는 여덟째 계명의 핵심에 닿아 있다. 여덟째 계명은 우리에게 묻는다. 세상은 얼마나 많은 진실을 감당할 수 있고, 또 얼마나 많은 거짓을 필요로 할까? 그리고 우리는 일상의 모든 영역에서 거짓 증언에 익숙해진 나머지, 거짓 증언 없이는 살 수 없게 된 것이 아닐까? 시사 주간지 『슈피겔』 *Der Spiegel*의 필진 마티아스 마투세크Matthias Matussek는 흥미롭게도 프란츠 발터와 견해를 달리했다. 일상의 거짓말처럼 정치의 거짓말은 예나 지금이나 오래가지 못한다고 피력하며, 진실의 가치를 열정적으로 변론했다. 이렇게 진실에 대한 사랑을 고수하는 사람도 있는 것이다.

거짓 증언에 대한 아우구스티누스의 견해는 분명했다. 의식적으로 진실이 아닌 것을 말하는 것, 즉 거짓말하는 것은 근본적으로 비난받아 마땅하다고 말했다. 또한 거짓말은 생각과 진실을 전한다는 언어 본연의 목적을 배반하고, 인간 언어의 진실성에 대한 신뢰를 깨뜨린다고도 말했다. 그런데 아우구스티누스도 큰 거짓말과 작은 거짓말을 구별했다. 전체적으로 보면 일관성이 없는 견해였는데, 몇몇 거짓말은 허용했기 때문이다. 거짓말도 실은 삶의 일부다. 거짓말이 늘 나쁜 것만도 아니고 오히려 좋은 것도 있다. 말장난이나 농담이나 풍자 같은 거짓말도 있고 중의적이면서 유쾌한 거짓말도 있다. 볼프강 힐데스하이머Wolfgang Hildesheimer는 『마르보트 전기』Marbot. Eine Biographie라는 소설에서 19세기 초반을 배경으로 어느 멋쟁이 한 사람을 창조했는데, 처음부터 끝까지 허구에 불과했지만 경탄할 만한 문학적 거짓말이었다. 또한 예의상 건네는 친절한 거짓말도 있고("나 몸무게가 조금 줄었어", "정말 그래 보인다"), 인간관계와 사회적 결속을 공고히 다지는 거짓말도 있다("여보, 당신이 최고야!"). 친구들끼리 진실을 입 밖에 내지 않기로 맹세하거나, 고인에게 관대한 추도사를 써야 할 때도 있다. 흙도 채 덮지 않은 무덤가에서, 고인이 술이나 퍼마시고 가족이나 무시하는 괴팍한 실패자였다고 말한들 무슨 소용 있겠는가? 적나라한 진실은 결코 온전한 진실이 아니다. 괴팍한 실패자라도 하느님께서 사랑하시는 인간이자, 자신의 존귀함으로 존경과 존중을 받을 만한 인간이라는 것이 온전한 진실이다.

대화가 이루어지는 곳이라면 어디서나 거짓이 있기 마련이다. 이유는 간단하다. 적나라한 진실을 언제나 감당할 수 있는 사람이 없기 때문이다. 나아가 사람을 보호하거나 생명을 구할 수 있는 불가피한 거짓말도 있다. 걸핏

하면 때리는 아버지가 두려운 아이는 순간을 모면하고자 거짓말할 수 있고, 어쩌다 탈선을 한 번 저지르기는 했지만, 가슴 깊은 곳에서는 자신의 배우자를 사랑하는 남편이나 아내는 부부 관계를 해치지 않으려고 거짓말할 수 있다. 윤리적으로 필요한 거짓말도 있다. 유다인을 어디에 숨겼는지 신문하는 게슈타포에게는 진실을 요구할 권리가 없다.

그러므로 거짓말을 하지 않는다는 것은 진실을 요구할 권리가 있는 사람에게 진실을 말하는 것이라고 임마누엘 칸트는 말했다. 한 정당의 정강과 선거공약이 빠짐없이 모두 다 실행되어야 한다고 유권자가 요구할 수는 없다. 정치란 타협이자 실현 가능한 것을 실행하는 기술이다. 그렇지만 정치가가 어떤 이득을 취하고자 조직적, 계획적, 의도적으로 거짓을 말하거나 진실을 숨겨서는 안 된다고 요구할 수는 있다. 조직적 거짓말은 정치가와 유권자의 소통을 단절시키고, 정치에 대한 신뢰를 깨뜨리며, 언젠가는 진실을 구하는 이들까지 불신하게 만든다. 조직적 거짓말은 전쟁의 도구다. 북대서양조약기구는 세르비아가 대량 학살을 계획한다는 명분으로 코소보 전쟁에 개입했다. 하지만 그런 계획은 존재하지 않았다. 미국은 이라크에서 대량살상무기가 생산된다는 명분으로 이라크 전쟁을 일으켰지만, 그 어디에서도 찾지 못했다. 평화의 시대에도 조직적 거짓말은 전쟁의 수단으로 쓰인다.

인간관계에서도 마찬가지다. 배우자가 상대 배우자 삶에 대해 모든 것을 알아야 할 권리는 없다. 모든 부부 관계나 연인 관계에는 각자의 비밀이 필요하다. 아빠스가 수도원에서 일어나는 모든 일을 상세히 아는 것보다는 몇 가지는 모르는 편이 좋다. 하지만 조직적이고 지속적인 거짓말은 모든 관계를 와해한다. 거짓말이 스스로 살아 움직이기 시작하는 것이다. 만족을 모르고 계속해서 새로운 거짓을 요구하게 되고, 확신에 찬 목소리로 나오게 된다. 확신을 주는 거짓말, 진실처럼 들리는 거짓말만이 성공을 거두기 때문이다. 거짓말은 전체주의적이 되어 삶의 전부를 요구한다. 거짓말의 그물에서 헤어나지 못하는 사람을 파괴하고, 무엇인가 앞뒤가 맞지 않다고 느끼지만 그것이 무엇인지 말하지 못하는 거짓말의 피해자도 파괴한다. 거짓말을 하면 어딘가 변하기 마련이다. 맥박이 빨라지거나 눈을 들지 못하고 팔짱을 끼며 초점을 잃는다.

거짓말이 삶의 일부가 되어, 결국 자신의 삶을 지배하게 만들면 인격도 변한다. 늘 쫓기는 사람이나 냉소적인 사람이 되는 것이다.

산업사회에서 의사소통은 한 세대도 지나지 않아 극적으로 변화했다. 이루 헤아릴 수 없이 많은 대중매체가 생겨났다. 인터넷과 휴대전화, 이메일을 통해 전 세계가 연결된다. 언제 어디서나 모두와 접촉할 수 있으며, 생활 방식과 태도가 점점 더 대중매체의 영향을 받는다. 이웃에게 불리한 거짓 증언을 해서는 안 된다는 계명은 대중매체와 의사소통이 지배하는 사회를 위한 계명으로 거짓말 해서는 안 된다는 것 이상의 의미가 있다. 여덟째 계명은 대중매체와 의사소통의 사회에서 정보와 의견, 인물에 대한 콘텐츠를 배포하는 모든 사람에게 진실성을 지키라고 촉구한다. 또한 이러한 콘텐츠를 소비하는 모든 사람에게 의심해 보라고 요구한다. 텔레비전 쇼에서 꾸며 대는 것처럼 모든 사람이 아름답고 똑똑하며, 유쾌하고 매력적인 데다가 성공할 수 있는 것은 결코 아니다. 반드시 그래야 하는 것도 아니다. 이러한 인간상에 부합하기 위해 스트레스를 받을 필요는 없다.

대중매체 사회에서 거짓 증언을 한다는 것은 다른 사람들이 저마다 내뱉는 말을 곰곰이 생각해 보지도 않고 기계적으로 따라 하는 것을 뜻할 수도 있다. 그리고 다른 사람들이 당연하고 자명하다고 말하는 것을 진실로 받아들이는 것을 뜻할 수도 있다. 예컨대 누구는 몰상식한 인간이고 누구는 생계 지원비나 타 먹으려는 사기꾼이라는 둥, 군인들은 살인자고 어차피 국가는 거짓말만 한다는 둥 하는 말들을 그대로 받아들이는 것이다. 다른 한편으로 거짓 증언은 정치적으로 문제가 있다는 이유로 불편한 진실에 침묵하는 것일 수도 있다. 사회보장제도를 악용하는 사기꾼과 바람직하지 않은 동기로 독일에서 체류하는 무리는 실제로 있다. 그리고 성적 소수자들의 축제인 '크리스토퍼 스트리트 데이'(Christopher Street Day)의 노골적 성적 표현에 거부감을 느끼는 사람들은 관용이 부족한 것이 아니다. 동성애자들에게 정당한 비판을 제기하는 것이다. 예컨대 당신들처럼 벌거벗다시피 몸을 드러내고 싶지 않거나, 뚱뚱하거나 늙거나 못생긴 사람들은 어쩌란 말이냐고 묻는 것이다. 진실은 불편하다. 테오도르 아도르노 Theodor Adorno는 '세상과 맞아떨어지지 않는 것이 곧 진실'

이라고 말했다. 진실하려면 세상과 맞아떨어지지 않는 것을 찾아다녀야 하고, 자신에게 있는 지식과 견해와 편견에 꾸준히 의문을 제기해야 한다. 자신과 같은 편에 선 사람이나 다른 편에 선 사람을 혼란스럽게 만들 각오가 있어야 한다. 또한 보수나 진보, 좌파나 우파로 구별할 수 없는 고지식한 사람이나 괴팍한 사람으로 취급될 준비가 되어 있어야 한다. 여덟째 계명은 그 자체로 이미 반反이데올로기적이다.

그래서 거짓 증언을 하지 않는다는 것은 각각의 사안마다 가능한 모든 측면과 모순을 함께 보고, 각각의 사람마다 장점과 한계를 전부 보라는 뜻이다. 이것은 한 사람을 기본적으로 공감하려는 자세로 바라보고, 주의 깊게 의사소통을 하며, 그 사람에 대해 신중하게 말하라는 의미다. 진실은 다른 사람을 죽이기 위한 무기가 되거나, 자신은 높이고 다른 사람은 낮추는 데 사용되면 파괴적인 결과를 낳는다. 진실을 다른 사람을 지배하는 도구로 악용하는 사람은 여러 진술과 사실을 낱낱이 평가한 다음 자신이 정한 도식에 억지로 끼워 맞춘다. 사이언톨로지교(Scientology)가 자신들의 거짓말탐지기를 이런 식으로 사용한다. '이-미터'(E-meter)라는 거짓말탐지기에 대고 신도가 자신에 대해 털어놓으면, '오디터'(Auditor)라는 치료자가 모든 진술을 자의적으로 조작하고 평가해서, 그 신도에게 여전히 결점이 많다는 것과 '사이언톨로지교' 체제에 무조건 복종해야 한다는 것을 입증해 낸다. 양심은, 그러니까 진실을 구하려는 나름의 노력은 더 이상 용인되지 않는 것이다. 하지만 진실을 말하는 행위가 권력을 악용하는 행위로 귀결되어서는 안 된다.

불가피한 진실이 다른 사람의 마음을 아프게 하더라도 용기 내어 말할 수 있어야 한다. 다른 사람이 어떤 잘못을 저질렀다는 것이나, 다른 사람과 나 사이에 이견과 차이가 있다는 것을 말하기란 여간 어려운 일이 아니다. 차라리 말하지 않는 편이 더 쉽다. 하지만 중요한 문제에 대해 오랫동안 함구하는 태도는 지속적인 거짓말과 마찬가지로 파괴적으로 작용한다. 관건은 다른 사람에게 파괴적 영향을 미치지 않으면서 갈등과 차이를 말하는 것이다. 어떤 수련자가 수도 공동체에 받아들여지지 않았다고 해서 그가 곧 나쁜 사람인 것은 아니다. 수도생활에 맞지 않은 것뿐이다. 또한 어떤 회사원이 직장에서 실수를 저질렸다고 해서 그를 곧 실패자로 단정할 수도 없다. 우리는 다른 사람을 존중해야 한다. 언제 진실을 전할 것인지, 어떤 진실을 전할 것인지 숙고해야 한다. 친구나 동료와 함께 그 자리에 없는 사람을 욕하는 것은 사실 얼마나 재미있는가? 하지만 남에 대해 나쁘게 말하고 싶더라도 그렇게 해서는 안 된다. 또 남을 비판하더라도 그가 한 인격이라는 사실을 잊어서는 안 된다. 그것이 타인을 존중하는 법이다.

우리는 우리 자신에 대해서도 거짓 증언을 해서는 안 된다. 대중매체와 의사소통이 지배하는 사회는 자신을 연출하는 사회다. 사회 구성원들이 자신의 진짜 모습으로 존재해서는 안 되는 사회다. 사회 구성원들은 점차 자신에게 낯설어진다. 자신을 연출하는 사회는 집단 열등의식을 유발한다. 나 자신이 있는 그대로의 모습으로 존재해서는 안 되는 것이다. 정해진 방식으로 옷을 입어야 하고, 정해진 구역에 살아야 하며, 정해진 견해를 따라야 한다. 다른 견해는 머릿속에서 떨쳐 버려야 한다. 주어진 방식으로만 살아야 하고, 그것에 어긋난다면 거부해야 한다. 결국 이러한 태도는 내가 원하는 대로 존재하기에는, 내가 존재하는 대로 행동하기에는 나 자신이 너무 무가치하다는 열등의식을 반영한다. 나는 있는 그대로 존재하기보다 남들에게 그럴듯하게 보여야 한다. 따라 하지 못할까 봐 두려워하면서도 따라 해야 한다. 게다가 주위 사람들은 나 자신을 있는 그대로 드러낼 만큼 내게 가치가 있지도 않다. 나는 그들에게 내 얼굴이 아니라 가면을 보여 준다. 아침부터 저녁까지 자신을 꾸며 내야 하는 삶은 고달프기 마련이고, 사람들을 불만족하고 불행하게 만든다. 자신을 진실하게 대하고, 자신에게 진실한 태도는 우리의 마음을 건강하게 한다.

주위 사람들에게 있는 그대로의 모습이 아니라 다른 모습을 내보이려는 시도, 즉 끊임없는 위선 또한 자신에게 가면을 씌우는 행위다. 위선은 제2의 인격이 되기도 한다. 예수가 무엇보다 분노한 것은 속으로는 텅 비어 있으면서 겉으로는 더없이 신심이 깊은 척하는 위선이었다. "위선자들아!" 이것이 예수의 가장 신랄한 욕설이었다. 마태오 복음을 보면 "네가 자선을 베풀 때에는 … 스스로 나팔을 불지 마라"(마태 6,2)라고 했다. 그리고 "너희는 기도할 때에 위선자들처럼 해서는 안 된다. 그들은 사람들에게 드러내 보이려고 회당과 한길 모퉁이에 서서 기도하기를 좋아한다"(마태 6,5)고도 했다. 예수는 제자들에게 오른손이 하는 일을 왼손이 모르게 하고 숨은 곳에서 기도하며 단식할 때는 기쁜 얼굴을 하라고 일렀다. 자신의 행동을 겉으로 드러내려고만 하는 사람은 하늘에서 받을 상을 이미 받은 셈이다. 위선의 체계에 사로잡힌 사람은, 언젠가는 실제로도 신심이 깊다는 것을 최대한 신심이 깊어 보이는 척을 하는 것이나, 성당에서 최대한 앞자리에 앉아 경건한 얼굴을 하는 것이라고 믿게 된다. 또 우정의 본질을 얻으려고 애써 노력할 필요 없이 겉으로만 우정을 쌓아도 진정한 우정을 얻을 수 있다고 확신하게 된다.

다른 사람들 앞에서 진실한 모습으로 서는 것과 겉치레를 벗어 던지는 것은 고통스러울 수 있다. 지금껏 누리던 괜찮은 평판을 잃거나 소속집단에서 버림받을 수도 있다. 하지만 진실한 태도는 위선이라는 질병으로부터 인간을 자유롭게 한다. 진실한 태도는 가족과 친구와 배우자를 부끄럽게 해서는 안 된다는 압박에서 벗어나게 한다. 진실 때문에 자신의 체면이 깎이게 되면 오히려 한결 홀가분해질 수 있다. 그리고 다른 사람들과의 관계, 하느님과의 관계가 더 깊어질 수도 있다. 이렇게 깊어진 관계 안에서는 세상 사람들의 무엇을 말하건 아무것도 중요하지 않다.

거짓 증언을 해서는 안 된다는 계명은 자유로 이끄는 계명이다. 여덟째 계명은 우리에게 요구한다. 상투적 관념을 깨라! 정해진 틀에서 벗어나라! 정해진 역할을 거부하라! 다른 사람을 분별하는 기준을 버려라! 가면을 벗어라! 또한 주어진 대로 바라보고 기대하는 대로 행동해야 한다는 집단적 압력에 저항하라! 거짓 증언에 굴복하지 마라! 거짓 증언을 입에 담지 마라! 우리는 사랑 안에서 진실할 수 있고 사랑으로 말미암아 진실할 수 있다. 거짓의 체계 안에서 살아갈 필요가 없다. 겉치레는 필요 없다. 바로 이렇게 살아갈 때 우리는 삶을 성취하고 행복해질 수 있다. 우리가 진실해진 덕이다.

아홉째와 열째 계명

이웃의 아내를 탐내서는 안 된다
이웃의 재산은 무엇이든지 욕심내서는 안 된다

오늘날에는 십계명의 마지막 두 계명이 이상하게 들릴지도 모른다. 이웃의 아내 또는 남편과 재산에 대해 말해야 할 것이라면 이미 여섯째와 일곱째 계명에서 전부 말하지 않았던가? 하지만 전혀 무의미한 일은 아닐 것이다. 반드시 남성 중심 문화권이 아니더라도 다른 사람의 아내를 가로채는 행위를 자랑스럽게 여기는 풍조가 있는 탓이다. 아홉째와 열째 계명은 여섯째와 일곱째 계명을 더욱 강화한 것이라고 볼 수도 있다. 간음과 도둑질을 행위로 옮겨야 비로소 죄가 되는 것이 아니라, 행위에 대한 생각으로도 이미 죄라는 것이다. 이것은 마태오 복음에도 나와 있다. "'간음해서는 안 된다'고 이르신 말씀을 너희는 들었다. 그러나 나는 너희에게 말한다. 음욕을 품고 여자를 바라보는 자는 누구나 이미 마음으로 그 여자와 간음한 것이다"(마태 5,27-28). 마태오 복음 5장에서 예수는 구약의 계명을 더욱 급진적으로 만들었다. "'네 이웃을 사랑해야 한다. 그리고 네 원수는 미워해야 한다'고 이르신 말씀을 너희는 들었다. 그러나 나는 너희에게 말한다. 너희는 원수를 사랑하여라. 그리고 너희를 박해하는 자들을 위하여 기도하여라"(마태 5,43-44). 이와 비슷하게 마지막 두 계명도 앞선 가르침을 강화한다. 증명할 수 있는 행위만이 아니라 내적 변화와 태도, 위험한 감정에도 주목한다. 아홉째와 열째 계명은 십계명의 사회적 계명들이 이미 이스라엘 백성 당시에 소유 관계와 법적 문제를 규정했을 뿐 아니라, 시험에 드는 생각과 양심을 문제 삼기도 했다는 것을 보여 준다. 또한 십계명의 저자들이 여러 세대에 걸쳐 다음과 같은 사실을 명확히 인식했다는 것을 보여 준다. "십계명은 노력하여 체득해야 한다. 십계명은 오직 내적 태도에서 비롯돼야만 지킬 수 있다. 타인의 소유를 욕심내는 사람은 언젠가 그것을 행동으로 옮기기 마련이다."

욕심내서는 안 된다는 계명은 '행위에 대한 생각으로 이미 죄가 된다'라는 명제를 넘어 오늘날 많은 논란을 일으키는 계명이 되었다. 욕심 없는 시장경제 체제와 성과주의 사회는 생각할 수 없다. 경제학자 애덤 스미스Adam Smith는 더 많은 재산과 더 많은 인정과 더 높은 지위에 대한 욕구와 욕심이 인간의 가장 중요한 동인 가운데 하나라고 간파했다. 스미스는 자신의 대표작에서 말했다. 푸줏간 주인이나 빵집 주인이나 농부는 타인의 행복을 위해서나, 타인을 먹여 살리기 위해서가 아니라 자신의 경제적 이익을 위해서 일한다는 것이다. 더 많이 가지고 싶은 욕심이 인류를 진보하게 한다. 아무리 사욕이 없다는 행동에도 욕심이 들어 있기 마련이며 사욕이 없는 사람이라도 인정과 호감과 칭찬을 받고 싶어 한다.

　욕심 없는 사람은 창조적일 수 없고 독창적일 수 없다. 부지런히 노력할 수 없고 의지를 관철할 수 없다. 사랑에 빠진 사람은 자신의 꿈에 다다르기 위해, 자신이 열망하는 여성이나 갈망하는 남성을 배타적으로 소유하기 위해 믿을 수 없는 것을 (아무리 이상한 것이라도) 해낸다. 남성이 여성에게, 또는 여성이 남성에게 그저 입으로 사랑을 맹세할 뿐, 아무런 징표도 내보이지 못한다면 상대방의 맹세를 믿기란 어려울 것이다. 사업가는 경쟁사로부터 고객을 빼앗거나 자신의 고객을 지키기 위해 온갖 창의력과 설득력을 발휘한다. 말하자면 욕심에는 늘 공격적 측면이 있다는 것이다. 경쟁이 없다면, 일등이 되려는 욕심이 없다면, 최고의 성과를 올리려는 욕심이나 유명해지려는 욕심이나 부자가 되려는 욕심이 없다면 기술과 의학, 학문과 경제, 그리고 사회의 진보도 없을 것이다.

순수한 자본주의나 사회적으로 어느 정도 제한된 자본주의나 계명은 같다. "이웃의 재산을 욕심내야 한다. 이웃이 너희 재산을 욕심내고 있다. 다른 이들도 너희가 가진 가장 좋은 것을, 너희의 돈을 원한다." 역사상 가장 성공한 경제체제는 자유 경쟁과 사적 이익 추구를 보장한 경제체제다. 이러한 관점에서 보면 자유주의 경제체제를 창안한 사상가들이 옳았다. 개인의 욕심을 공동체의 지향으로 대치하려 했던 공산주의 경제체제는 무참히 실패했다. 욕심은 인간의 가장 근원적인 특성으로 생물학적 본성에서 유래한다. 석기시대 인류가 여러 위험을 무릅쓰고 탐스러운 열매를 따거나 위험한 짐승을 사냥할 수 있었던 것도 바로 욕심 때문이고, 오늘날 주식 투자자가 몇 분 만에 수백만 유로를 벌거나 잃는 것도 욕심 때문이다. 이 세상 그 어떤 사상이나 종교도 인간의 욕심을 없애지는 못한다.

그렇지만 욕심에는 무절제한 탐욕의 위험이 도사리고 있다. 탐욕은 다른 사람의 생존 기반을 빼앗고 손에 넣을 수 있는 것이라면 인간의 것이든 자연의 것이든 전부 가로챈다. 탐욕은 절제를 모른다. 탐욕은 폭력을 유발하고 살인도 서슴지 않는다. 그리스도교에서 탐욕은 대죄를 저지르게 만드는 근원 죄악의 하나다. 법률 체제와 경제체제가 강자의 권리를 옹호하면 할수록 탐욕에 빠진 사람이 더욱 성공을 거두기 마련이다. 탐욕에 빠진 사람은 자신이 원하는 것을 약자로부터 빼앗을 수 있다. 자신보다 강한 존재가 나타날 것을 두려워할 필요가 적으면 적을수록 더욱 잘살게 되는 것이다. 탐욕은 인간을 눈멀게 한다. 이것이 탐욕의 교묘한 농간이다. 탐욕에 눈먼 사람은 자신이 탐욕에 지배되었다는 사실을 깨닫지 못한다. 이미 먹고살 만큼 충분히 가지고도 더 가졌는데도 자신에게는 터무니없이 높은 연봉 인상을 용인하고, 최저생계비로 살아가는 다른 사람들에게는 기껏해야 보잘것없이 낮은 인상만 허용할 뿐이다. 그들은 이것이 어째서 문제가 되는지 전혀 이해하지 못한다. 그러면서 자신을 아무도 대신할 수 없는 중요한 사람이라고 생각한다. 이렇게 만족을 모르는 사람들에게 예수는 경고했다. "어리석은 자야, 오늘 밤에 네 목숨을 되찾아 갈 것이다!"(루카 12,20). 그리고 다른 자리에서는, 씨를 뿌리지도 않고 거두지도 않지만 걱정 없이 살아가는 새들을 말하며, 아무리 걱정한다고 수명을 조금이라도 늘릴 수 있는지 반문한다.

아홉째와 열째 계명은 강자의 부당한 권리를 거부한다. "너희가 빼앗을 수 있다 하더라도 다른 사람의 소유와 권속을 욕심내서는 안 된다. 너희는 무절제한 경쟁의식에 사로잡혀서는 안 된다. 다른 사람의 건전한 관계를 침해해서는 안 된다!" 십계명의 마지막 두 계명은 욕심의 횡포를 제한하고, 합당한 명예욕과 정당한 소유욕과 무절제한 탐욕을 구별한다. 욕심의 횡포에 반대하는 두 계명은 법치국가의 계명이라고도 할 수 있다. 일찍이 그리스 철학자 아리스토텔레스가 말했다. "부자의 탐욕이 국가의 헌법을 무력하게 만든다." 무절제한 탐욕을 제한하고

통제하는 기관이 없다면 강자의 주먹이 지배하는 상황에 도달할 것이다. 무절제한 탐욕은 약자를 보호하는 법률을 무시하는 파괴적인 힘이 될 것이다. 결국 탐욕은 탐욕에 빠진 당사자를 프리기아의 왕 미다스처럼 파괴한다. 미다스는 술의 신 디오니소스에게 자신이 만지는 모든 것을 황금으로 변하게 해 달라고 소원했는데, 정작 소원이 이루어지자 미다스는 굶어 죽을 지경에 이르렀다. 타인의 소유에 대한 국민의 탐욕을 통제할 수 있는 법률과 공권력이 그래서 필요한 것이다. 그렇지만 또한 필요한 것은 더 많은 재산과 권력에 대한 탐욕이 탐욕에 빠진 당사자를 구속하는 데다가 불행한 인간으로 만든다는 사실을 깨닫는 일이다. 탐욕에 빠진 사람은 가진 것에 만족할 줄 모르고 감사하는 마음을 느낄 줄도 모른다. 자신의 삶까지 낯설기만 하다. 철학자 에리히 프롬Erich Fromm은 물었다. "소유냐 존재냐." 탐욕에 빠진 사람은 존재에 대한 갈망이 아니라 소유에 대한 욕망을 택한다.

  그럼에도 일부에서는 탐욕을 제한하는 계명이 쓸모없다고 말하곤 한다. 탐욕에는 온갖 폐단이 있지만 우리 사회가 충분히 문명화되었다는 것이다. 또한 법치국가에는 다른 사람의 재산을 침해하는 악랄한 행위를 저지할 수 있는 기제가 마련되어 있다고도 말한다. 하지만 정반대다. 법으로 규정된 테두리를 안쪽으로부터 채우기 위해 우리는 모든 노력을 기울여야 한다. 도덕규범이 사람들의 마음에 다시금 뿌리내려야 한다. 그렇지 않으면 결국에는 경찰국가(Polizeistaat)가 필요하게 될 것이다.

지난 수십 년간 곳곳에서, 세계 모든 나라에서 범죄가 증가했다. 오늘날 강도 행위는 예삿일이다. 로마의 콘도티 거리에서는 벌건 대낮에 중무장한 자동차가 사람들 사이로 돌진한 사건이 있었다. 보석상의 진열창을 부수고 들어가 금품을 강탈한 것이다. 관광지에 가면 손가방에서 눈을 떼지 말아야 한다. 담장을 높이고 유리 조각을 박아 놓아야 하는 나라도 많다. 도둑을 막으려면 일 층뿐 아니라 다른 층에도 방범창을 달아야 한다. 휴가라도 가게 되면 누군가 집을 털어 가지 않을까 걱정하는 경우가 다반사다. 제3세계에서 빈민을 돌보는 수도회들도 요즘에는 보안 조치를 취해야 한다. 날이 어두워지면 사람들은 공원에 갈 엄두를 못 낸다. 남아프리카에서는 언제라도 노상강도를 만날 수 있다. 그런데 자동차만 빼앗기는 것이 아니다. 들판에서 살해당하는 사건도 많다.

그릇된 공포를 심어 주려는 것은 아니다. 하지만 일반 범죄가 무서울 정도로 증가했다. 가톨릭교회가 벌하시는 하느님과 지옥을 강조하여 사람들을 협박한다는 비난의 목소리가 많았다. 그런데 이제 사람들은 죽음도 악마도 두려워하지 않는 것 같다. 이탈리아 같은 가톨릭 국가에서 어떻게 마피아가 활개를 칠 수 있었는지 늘 의아했다. 이탈리아에서 지옥에 대한 설교가 언젠가 있었는지는 모르겠지만 아무튼 성공을 거두지는 못했다. 교회가 마피아를 조금 더 분명한 어조로 공개 비판했어야 한다는 생각이 들기도 한다. 하지만 그런 설교가 실제로 있었을 때 마피아는 곧바로 사제의 목숨을 위협했다.

어디에서나 도덕적 무장이 불가피한 상황이다. 하느님의 십계명은 단순하면서도 시의적절하고 오늘날에도 얼마든지 받아들일 수 있는 가르침이다. 계명을 어겼다고 제재를 가하는 것만으로는 부족할 것이다. 그렇다면 열한째 계명이 따를 것이다. "너희는 걸려서는 안 된다."

십계명

자유를 위한 계명

그렇다면 자기실현은 어떻게 할 것인가? 각 개인에게는 집단의 권력과 집단이 만든 규정의 권력에 맞서 자신의 삶을 살아갈 권리가 있지 않은가? 일각에는 프로이트의 정신분석학에 영향을 받아 십계명을 비판하는 견해가 있다. 십계명이 강력한 초자아로 기능해서 인간의 추동력을 특정한 방향으로 유도하고 부와 권력과 세력을 향한 채워지지 않는 욕구와 성욕, 자율성 등을 근본적으로 죄악시한다는 것이다. 십계명은 '… 해서는 안 된다'는 말로 끝난다. 격려가 아니라 부정하는 형식이다. 십계명은 인간을 제한하며 자유롭지 않게 한다. 인간을 두려움과 죄책감에 사로잡히게 한다. 심리학자 틸만 모저Tilmann Moser는 『하느님의 독살』Gottesvergiftung에서 인간을 속박하여 병들게 하는 하느님상을 이야기했다. 모든 것을 지켜보는 하느님, 그렇게 해서 인간의 삶을 지속적으로 의심하는 하느님이 인간을 독살한다는 것이다. 인간은 아픔 없이 천천히 죽어 간다. 날마다 조금씩, 날마다 미량의 종교적 비소砒素로 독살되어 간다. 인간의 영혼이 서서히 죽어 가는 것이다. 십계명은 독살된 인간이 살아가는 감옥의 벽이다. 펑크 밴드 '디 토텐 호젠'Die Toten Hosen의 보컬 캄피노Campino는 노래했다. "사랑의 하느님, 제가 당신이고, 사랑의 하느님, 당신이 저라면, 당신은 그저 저 때문에 계명을 따르겠습니까?"

십계명 때문에 갈등이 일어나는 것을 부인할 수는 없다. 십계명은 개인의 자유를 제한하고, 인간 존재의 일부인 욕구를 특정한 방향으로 유도하며, 개인을 공동체에 순응하게 만들었다. 자신이 원하는 것을 행하거나, 행하지 않을 자유가 사라진 것이다. 그리고 오랫동안 십계명은 삶을 제한하고 구속하는 계명으로만 해석되었다. "반항하지 마라!" "순응하고 복종하라!"는 식이었다. 그런데 십계명은 언제든 타락할 수 있는 미약한 인간에 대한 불신에서 비롯된 것이기도 하다. 이스라엘 백성이 끊임없이 방종에 빠지자 십계명이 생겨난 것이다. 십계명은 일종의 원칙이자 계속된 경고였다. "너희는 계명을 지켜야 존속하리라. 각자가 자신이 원하는 것만 행한다면, 그저 편하게만 살고자 공동체를 잊는다면 너희는 바빌론으로 유배되리라." 이러한 경고는 위협으로 해석될 수 있을 뿐더러 위협으로 선포될 수도 있다.

그런데 십계명이 제한을 두는 문제는 실제로 무엇일까? 십계명은 강자에 맞선 약자의 생존권이 걸린 문제나, 개인과 공동체가 자멸할 위험이 있는 문제에 제한을 둔다. 또한 인간 존재의 기반이 걸린 문제나, 타인에 대한 존중과 타인이 살아가는 데 필요한 공간에 대한 존중이 걸린 문제에 제한을 둔다. 십계명은 약자를 보호하고 강자를 제한한다. 십계명은 내국인과 외국인, 늙은이와 젊은이, 부자와 빈자에게 모두 적용되는 계명이다. 그리고 오늘날에는 남성은 물론 여성에게도 적용된다. 독일 기본법은 기본법 조항과 헌법재판소 판례로 모두에게 동등한 보호를 보장한다. 기본법은 종교의 자유에 있어 다수 앞에 소수를 보호하고, 개인정보자결권에 있어 국가의 요구 앞에 개인을 보호한다. 또한 연금보험과 간병보험이나 부모의 자녀 양육 의무에 있어서도 가족과 아동을 보호한다. 이러한 보호는 다수를 귀찮게 하고 강자를 귀찮게 하며 그들의 삶을 더 피곤하고 부자유하게 만든다. 게다가 이런저런 결정이 내려질 때마다 언제나 논쟁이 벌어지기 마련이다. 하지만 전체적으로 보면 이러한 틀의 헌법과 헌법 해석은 한 국가가 강자의 권리가 통용되는 경쟁 사회, 즉 '늑대들의 사회'가 되는 것을 막는다. 강자들의 사회가 계속되면 언젠가는 문명사회가 파괴되고 국가의 존립 기반이 붕괴될 것이다. 십계명은 헌법의 초기 형태로 강자와 집단의 강요로부터 개인과 소수자와 약자의 자유를 보호한다. 십계명은 이스라엘 백성의 기본법이었다.

십계명은 국가의 기본법이 제공하는 보호의 기능에서 한 걸음 더 나아간다. 십계명은 법조문 이상의 것이다. 하느님에 대한 계명인 처음 세 계명을 보면 그렇다. 처음 세 계명은 하느님께서 인간과 맺으신 사랑의 관계를 이야기한다. 나머지 사회적 계명은 위대한 사랑의 계명, 그 아래에 있다. 그래서 나자렛 예수는 십계명을 두 문장으로 요약했다. "네 마음을 다하고 네 목숨을 다하고 네 힘을 다하고 네 정신을 다하여 주 너의 하느님을 사랑하고 네 이웃을 너 자신처럼 사랑해야 한다"(루카 10,27). 예수의 사랑의 계명은 말한다. "계명이 인간을 제한하는 것은 사랑 때문이다. 지배를 공고히 하려는 것도 아니고 인간을 위협하고 억압하려는 것도 아니다. 인간이 선하고 행복한 삶을 살 수 있도록 하려는 것이다." 규칙과 사랑은 늘 함께해야 한다. 사랑 없는 규칙은 감옥이 된다. 규칙 없는 사랑은 실패한다. 우리는 이것을 흔히 간과한다. 인간의 자기실현에도 규칙과 제한이 필요하다. 그렇지 않으면 자기실현은 정처 없는 탐색이나 괴로운 '고향상실'(Heimatlosigkeit)이 될 것이다. 자기를 발견하려면 이상이 있어야 하고 목표로 이끄는 길도 있어야 한다. 이러한 관점에서 십계명은 자기실현을 가능하게 한다. 인간이 자신의 한계를 모른다면, 그리고 다른 사람을 해치거나 파괴하지 않도록 제한된 한계를 모른다면 인간은 자신을 발견하지도 못하고 성취하지도 못할 것이다.

사랑의 계명은 다른 모든 것에 우선한다. 그래서 사랑 때문에, 그리고 사랑에 따른 책임 때문에 다른 계명을 어길 수도 있다. 사랑 때문에 하는 거짓말이 있고 책임 때문에 하는 도둑질이 있다. 예컨대 제2차 세계대전 직후, 가난한 사람들은 방을 덥히고 물을 데우려고 석탄을 훔쳤다. 심지어 예수도 제자들이 밀 이삭을 뜯어 허기를 면하는 것을 허락하며 안식일 계명을 어겼다. 인간이 계명을 위해 있는 것이 아니라 계명이 인간을 위해 있는 것이다. 착한 사마리아인은 이스라엘인을 도와주려고 모든 관습과 규칙을 깨뜨렸다. 반면 사제와 레위인은 그냥 지나가 버렸다. 십계명은 족쇄도 아니고 관습도 아니다. 오히려 십계명은 족쇄를 끊어 버리고 관습을 부숴 버린다. 또한 십계명은 인간의 실패와 의심과 불화까지 감안한다. 배우자와의 관계에 실패하고 다른 사람을 가슴 깊이 사랑하게 되어서 더 이상 여섯째 계명을 지킬 수 없는 사람이라고 하느님 사랑에서 배제되는 것이 아니고, 도둑과 살인자도 마찬가지다.

성경을 봐도 계명을 어긴 사람들로 가득하다. 롯의 두 딸은 아이를 가지려고 아버지와 잠자리를 같이했고, 타마르는 신전 창녀로 변장하고 시아버지 유다를 유혹하여 아이를 얻었다(당시에는 남의 아내와 성관계를 맺는 것만 죄가 되었다. 신전 창녀를 찾는 것이 죄라면, 이 행위가 첫째 계명을 범했기 때문이다). 작은 예수 공동체의 반석이었던 베드로는 나약한 겁쟁이였고 의심쟁이였으며, 결정적 순간에는 자신의 주님을 부정한 거짓말쟁이였다. 실패와 결점은 인간 존재의 일부다. 이것을 감안하지 않고 십계명을 해석하면 비인간적으로 가혹해진다. 인간은 제 스스로 선하고자 한다. 인간은 보편적으로 선을 추구한다. 하지만 실수도 하고 실패도 하며 자신이 원하는 것을 성취하지 못하기도 한다. 실패를 감안한다는 것이 계명을 상대화한다는 뜻은 아니다. 죄를 짓거나 실패하더라도 곁에서 머물러 준다는 뜻이다. 그래서 용서의 능력은 그리스도교의 미덕이며, 그래서 가톨릭은 시대에 뒤떨어진 것 같아도 고해성사를 중요시하는 것이다. 게다가 흥미롭게도 개신교 또한 고해성사와 같은 대화를 점차 중요시한다. 인간은 언제나 새롭게 시작할 수 있다. 실패가 인간을 무너뜨리지는 못한다. 인간은 실패를 안고 하느님 앞에 나아갈 수 있다. 하느님은 용서해 주신다. 하느님은 인간이 참회하고 회개하게 하신다.

그러므로 십계명은 구속하는 계명이 아니라, 자유롭게 하는 계명이다. 모든 것을 시험해 보아야 하는 강박, 날마다 삶을 새롭게 꾸려 가야 하는 수고, 삶의 모든 국면을 오직 경제 논리로만 풀어 가려는 시도에서 자유롭게 한다. 또한 근시안적 시각과 지나친 경쟁의식, 이익만 추구하는 사고에서도 자유롭게 한다. 십계명은 삶을 위한 계명이다. 셋째 계명의 기원은 하느님께서 세상을 창조하시고 이렛날에 쉬셨다는 데 있지 않고, 이스라엘 백성을 이집트의 종살이로부터 해방하셨다는 데 있다. 21세기를 사는 사람들은 이것을 의아하게 생각할 수 있겠지만, 이스라엘인들에게는 자명한 사실이었다. 안식일 계명은 단지 인간을 위한 휴식의 문제가 아니다. 종살이냐 자유냐를 선택하는 문제다. 그러니까 십계명은 당신 백성을 이집트 종살이에서 구해 내신, 해방자 하느님의 계명이다. 이스라엘 백성은 역사상 끊임없이 몰락과 압제의 위협을 받았다. 다른 민족과 뒤섞이기도 했고 바알 숭배와 같은 우상 숭배를 널리 따르기도 했다. 십계명은 이스라엘 백성을 하나로 결속하고 외부의 위험에서 보호하는 규칙이었다. 이스라엘 백성이 공동체를 이루고 국가를 다스리도록 도왔고, 또한 노골적으로 적대감을 드러내는 주변 세력들 사이에서 존립하도록 도왔다.

2,500년이 지난 지금도 십계명은 억압이 아니라 자유로 이끄는 길이다. 교황 베네딕도 16세도 2007년에 오스트리아의 성모 성지 마리아첼을 방문해서 말했다. "십계명은 하느님과 인간에 대한 위대한 긍정입니다. 가족과 생명에 대한 긍정, 책임 있는 사랑과 사람 간의 유대에 대한 긍정, 사회적 책임과 정의에 대한 긍정입니다. 또한 십계명은 진실에 대한 긍정이며, 타인과 타인의 소유를 존중하는 것에 대한 긍정입니다." 이 같은 견해를 매우 중요하게 생각한 교황은 자신의 첫 회칙 「하느님은 사랑이십니다」Deus Caritas Est에서 다시금 언급했다. 신앙은 구속이 아니고, 가톨릭교회는 금령을 내리는 제도가 아니며, 교회는 사랑으로 말미암은 규칙을 세워서 시야를 넓히고 삶이 성취되도록 돕는다는 내용이었다. 흥미로운 점은 심리학자 모저가 비슷한 관점을 취하게 되었다는 것이다. 『하느님의 독살』을 발표하고 20여 년이 흐른 후, 모저는 '감당할 수 있는 하느님'을 찾아 나선다는 주제로 새로운 저서를 출간했다. 모저는 신앙이 삶을 성취하는 데 크게 기여한다는 사실을 수많은 사람에게서 목격하고 깊은 인상을 받았다고 한다.

십계명은 너무 오래 악용되었다. 십계명은 도덕의 몽둥이가 되었고 무의미한 것까지 상세히 규정하고자 했던, 사랑 없는 결의론의 도구가 되었다. 토마스 만이 '간결한 율법'이라 명명한 십계명은 삶이 무엇에 달려 있는지 간단한 문장들로 말한다. '간결한 율법'이라는 것은 십계명의 문장들이 상세히 규정하거나 경직된 규범이 아니라는 뜻이기도 하다. 십계명은 간결하면서도 세상의 흐름과 구체적 사건과 개별적 인간에 열려 있다.

십계명은 경직된 규범이 될 때 그 의미를 잃는다. 그리고 제약하거나 구속하거나 억압하는 도구가 될 때, 자신을 비하하는 일련의 목록이 될 때 삶을 적대시하게 된다. 십계명은 삶의 기쁨을 막으라고 있는 것이 아니라 만들라고 있는 것이다. 그래서 신약성경에 나오는 사랑의 삼중 계명은 더없이 중요한 십계명의 요약이다. "너는 주 너의 하느님을 사랑하고, 네 이웃을 사랑하며, 너 자신을 사랑해야 한다." 하느님 사랑과 자기 사랑과 이웃 사랑은 서로 결속되어 있다. 자기 사랑이 없으면, 나 자신을 받아들이고 보살피는 능력이 없으면 하느님 사랑과 이웃 사랑은 불가능하다. 이웃 사랑이 없으면 자기 사랑은 자기중심적이 되고 하느님 사랑은 위선이 된다. 하느님 사랑이 없으면 자기 사랑과 이웃 사랑이 자라날 수 있는 기반을 잃는다. 또한 두 사랑이 의미 있는 것이라는 신뢰도 잃는다.

십계명은 우리가 이 세 가지 사랑에 따라 살아갈 수 있도록 도와주는 발판이다. 십계명은 자기실현을 방해하지 않는다. 어떤 사람이 살인하지 않고 도둑질하지 않으며 이웃의 부부 관계를 존중하고 부모를 공경한다면, 그리고 우상을 세우지 않고 주일을 하느님을 섬기는 특별한 날로, 나에게 주어진 선물로 받아들인다면 그 사람은 당연히 자기실현을 성취할 수 있다. 그런데 자기실현을 위한 최고의 기회는 하느님 품에서 보호받고 있음을 느끼는 것이다. 그분의 보호하심은, 우리가 일상에서 마주치는 온갖 불안정한 현실 속에서도 우리를 근본적으로 안정시킨다. 삶은 깨지기 쉬운 것이다. 하지만 무슨 일이 일어나든 자신이 하느님 품에 있다고 말할 수 있으면, 삶의 위험에 대해 맞설 용기가 생긴다. 이런 하느님의 보호하심은 십계명에 드러나 있고, 십계명은 우리에게 삶의 위험을 극복할 수 있게 용기를 준다. 지난 수십 년간 십계명은 잘못 이해되었다. "십계명을 지키면 자동적으로 하느님 품에서 보호를 받을 것이다. 이런저런 계명에 따라 행동하면 하느님께서 내 곁에 머무르실 것이다"라고 사람들은 말해 왔다. 하지만 정반대다. 내가 하느님의 품에서 보호받고 있다는 사실을 알게 되었기 때문에 우리는 자유로워지는 것이고, 용기 내어 행동하게 되는 것이며, 다른 사람들의 행동을 그저 따라 하지 않게 되는 것이다. 십계명은 자유로 이끄는 길잡이다. 십계명은 삶이라는 모험을 감행하라는 요구이자, 두려운 마음에 온갖 핑계를 대면서 회피하지 말라는 요구다. 때로는 내가 용기 내어 실행한 일이 실패할 수도 있다. 그렇지만 실패하더라도 어쨌든 시도는 해 보지 않았는가? 나는 지레 겁을 먹어 삶을 멀리한 것이 아니라, 삶을 살아 낸 것이다. 나는 실패하더라도 여전히 하느님의 품에서 보호받는다.

어떤 종이 주인에게 받은 탈렌트를 땅에 묻어 두는 대신 돈벌이를 했지만 잘못해서 크게 잃고 절반만을 돌려주었다고 생각해 보자. 무슨 일이 벌어질 것인가? 주인은 이렇게 말할 것이다. "그래, 네가 실수를 저지르기는 했다. 그렇지만 너는 돈을 벌어 보려고 시도했고, 이것은 받은 돈을 땅에 감추어 두는 것보다 잘한 일이다." 예컨대 아이를 낳아 키우기로 결정한다는 것은 이러한 의미다. "아무리 잘 키워 보려 해도 실수가 많을 것이다. 명심하자. 내 아이는 내가 계획한 바와 전혀 다르게 자랄 것이다. 계획은 모두 어긋날 것이다."

상트 오틸리엔 수도원에는 질병이나 사고로 자식을 잃은 부모들이 서로 만나는 모임이 있었다. 그야말로 마른 하늘에 날벼락을 맞아 죽은 학생의 부모도 있었다. 이제 막 먹구름이 끼고, 아직 비 한 방울 내리지 않았는데 갑자기 벼락이 떨어진 것이다. 자식의 비극적 죽음을 인내하는 그 부모의 태도는 숭고했다. 목수인 아버지는 아들의 관을 손수 짰다. 아버지는 말했다. "하느님께서 우리에게 그 아이를 선물하셨어요. 아이 덕에 기뻐할 일이 아주 많았지요. 그렇지만 이 기쁨이 영원해야 한다고 요구할 권리가 제게는 없습니다." 물론 학생의 가족은 가슴 깊이 슬퍼했다. 하지만 절망하지 않았다. 자식을 잃고 완전히 무너지는 부모들도 있었다. 자식을 삶의 전부로 여겼거나, 상실했다는 사실에서 헤어나지 못한 까닭이다. 그들은 하느님에 대한 신뢰가 없었다. 그렇게 끔찍한 상실 속에서도 하느님께서는 그들을 홀로 두지 않으시며 삶을 향한 길을 보여 주신다는 것을 신뢰하지 못했다. 하느님을 신뢰할 수 있는 사람은 삶에서 아주 커다란 선물을 받은 사람이다.

이렇듯 하느님께서 우리를 보호하신다는 신뢰로 살아갈 때 십계명은 성취된 삶을 위한 계명이자 자유를 위한 계명, 자기실현을 위한 계명이 된다. 하느님의 보호를 느끼는 사람은 슬퍼하거나 분노할 수 있고, 낙담하거나 회의할 수 있다. 또한 실수를 범하거나 죄악을 저지를 수 있고, 실패하거나 제자리에 안주할 수 있다. 그렇지만 마음 저 깊은 곳에서는 절망하지 않는다. 하느님께서 저 깊은 곳에서 자신을 받쳐 주신다는 것을 알기 때문이다.